DIREITO ELEITORAL

200 Questões Comentadas

E. LEONE

ESTUDANDO

DIREITO
ELEITORAL

200 QUESTÕES COMENTADAS

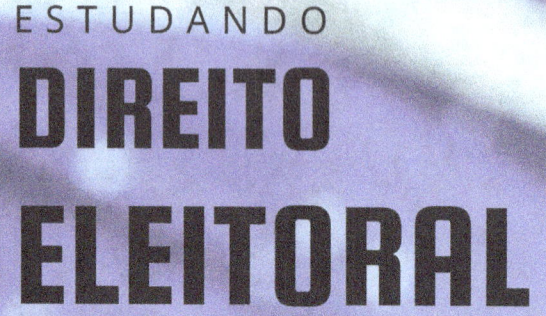

E. LEONE

(ORGANIZAÇÃO)

DIREITO ELEITORAL

200 QUESTÕES COMENTADAS

A melhor e mais completa coleção voltada para a capacitação e aprovação em concursos públicos no Brasil

Esqueça aqueles livros chatos e sem graça! O livro **Direito Administrativo – 200 Questões Comentadas**, não é apenas um livro, é a sua arma secreta para detonar qualquer prova de concurso que aparecer. Com ele, você vai mergulhar em um mar de conhecimento sólido e irá desvendar todos os mistérios do Direito Administrativo. Então, prepare-se para decolar em uma jornada épica, que vai transformar sua vida!

E. LEONE
(ORGANIZAÇÃO)

ÍNDICE

Capítulo I

SISTEMA ELEITORAL BRASILEIRO

Sistema Eleitoral Brasileiro

1. **(CONSULPLAN - TER/MG - Técnico Judiciário)**
Qual é o sistema eleitoral utilizado nas eleições para a Câmara dos Deputados no Brasil?
a) Majoritário
b) Misto
c) Proporcional
d) Direto

Resposta: c) Proporcional

Comentário: O sistema proporcional é adotado nas eleições para a Câmara dos Deputados no Brasil. Esse sistema busca distribuir as cadeiras de forma proporcional ao número de votos obtidos pelos partidos.

2. **(CONSULPLAN - TER/MG - Técnico Judiciário)**
O sistema partidário brasileiro é baseado em coligações, onde partidos podem se unir para eleições específicas. O que é o voto em lista fechada no contexto eleitoral brasileiro?
a) Os eleitores votam diretamente em um candidato específico.
b) Os eleitores votam em um partido, e a ordem dos candidatos é preestabelecida pela legenda.
c) Os eleitores escolhem candidatos de diferentes partidos.
d) Os eleitores votam apenas nos candidatos independentemente de partidos.

Resposta: b) Os eleitores votam em um partido, e a ordem dos candidatos é preestabelecida pela legenda.

Comentário: No sistema de lista fechada, os eleitores votam no partido, e a distribuição das cadeiras é determinada pela ordem preestabelecida pela legenda.

3. (IESES - TRE-MA - Analista Judiciário - Análise de Sistemas)
Ao longo dos anos, têm sido discutidas propostas de reforma política, incluindo mudanças no sistema eleitoral. Nas eleições presidenciais no Brasil, qual sistema é utilizado para definir o vencedor?
a) Sistema proporcional
b) Sistema majoritário
c) Sistema distrital
d) Sistema misto

Resposta: b) Sistema majoritário

Comentário: As eleições presidenciais no Brasil utilizam o sistema majoritário, em que o candidato mais votado é declarado o vencedor, independentemente da proporcionalidade.

4. (IESES - TRE-MA - Analista Judiciário - Análise de Sistemas)
O sistema eleitoral brasileiro é caracterizado por sua complexidade e diversidade, envolvendo diferentes níveis de governo. Qual é o papel do Tribunal Superior Eleitoral (TSE) no contexto eleitoral brasileiro?
a) Julgar ações penais
b) Organizar as eleições municipais
c) Fiscalizar o Poder Executivo
d) Zelar pela regularidade e legitimidade dos pleitos

Resposta: d) Zelar pela regularidade e legitimidade dos pleitos

Comentário: O TSE é responsável por garantir a regularidade e legitimidade das eleições no Brasil.

5. (CESPE / CEBRASPE - TRE-GO - Analista Judiciário - Administrativa) - Questão Dissertativa:
Discorra sobre a importância do voto proporcional no Sistema Eleitoral Brasileiro, destacando como ele contribui para a representatividade política.

Resposta Sugerida: O voto proporcional no Sistema Eleitoral Brasileiro desempenha um papel crucial na busca pela representatividade política. Ao permitir que os partidos obtenham cadeiras de acordo com a proporção de votos recebidos, esse sistema contribui para a inclusão de diversas vozes no processo legislativo. Isso evita a concentração excessiva de poder em determinados grupos e promove a representação de diferentes ideologias e segmentos da sociedade, fortalecendo, assim, a democracia.

6. (FCC - TRT - 15ª Região (SP) - Analista Judiciário - História)
Ao longo dos anos, têm sido discutidas propostas de reforma política, incluindo mudanças no sistema eleitoral, financiamento de campanhas e representação proporcional. O que caracteriza o voto distrital no contexto do Sistema Eleitoral Brasileiro?

a) Os eleitores votam em um candidato específico em um determinado território.

b) Os eleitores votam em uma lista fechada de candidatos de um partido.

c) Os eleitores votam diretamente no presidente da República.

d) Os eleitores votam em uma lista proporcional de candidatos.

Resposta: a) Os eleitores votam em um candidato específico em um determinado território.

Comentário: O voto distrital envolve a escolha de candidatos específicos em áreas geográficas delimitadas, proporcionando uma representação mais direta e regionalizada.

7. (CESPE / CEBRASPE - TRE-GO - Analista Judiciário - Administrativa) - Questão Dissertativa:
Explique o conceito de quociente eleitoral e sua importância no sistema proporcional de eleição.

Resposta Sugerida: O quociente eleitoral é um cálculo fundamental no sistema proporcional, determinando o número de votos necessários para um partido ou coligação conquistar uma cadeira. Ele é obtido dividindo o total de votos válidos pelo número de cadeiras em disputa. Isso ajuda a garantir a proporcionalidade na representação, pois partidos que alcançam o quociente eleitoral têm direito a uma ou mais cadeiras, proporcionando uma distribuição mais justa no legislativo.

8. (FGV – Analista judiciário – TRE-17ª Região)
Qual é o papel das coligações no sistema eleitoral brasileiro?
a) Determinar o quociente eleitoral.
b) Unir partidos para disputar eleições e somar seus votos.
c) Definir o voto distrital em eleições proporcionais.
d) Estabelecer os limites de gastos de campanha.

Resposta: b) Unir partidos para disputar eleições e somar seus votos.

Comentário: As coligações permitem que partidos se unam para concorrerem juntos em uma eleição, combinando seus votos para alcançar um melhor desempenho proporcional.

9. (CESPE / CEBRASPE - TRE-MG - Técnico Judiciário)
No contexto das eleições proporcionais, explique o que são os chamados "sobras eleitorais".

a) São votos nulos que não são considerados na distribuição de cadeiras.
b) Representam os votos que excedem o quociente eleitoral, distribuídos proporcionalmente entre os partidos.

c) Referem-se aos votos brancos que não influenciam na composição do legislativo.

d) São votos válidos que não são utilizados na contagem final.

Resposta: b) Representam os votos que excedem o quociente eleitoral, distribuídos proporcionalmente entre os partidos.

Comentário: As "sobras eleitorais" são os votos excedentes após a distribuição das cadeiras pelo quociente eleitoral, sendo redistribuídas proporcionalmente aos partidos que não atingiram o quociente.

10. (CONSULPLAN – TER/MG – Técnico Judiciário)
Em eleições proporcionais, como são distribuídas as cadeiras aos partidos que ultrapassam o quociente eleitoral?
a) De forma majoritária, priorizando o partido mais votado.
b) De maneira proporcional, considerando as maiores médias partidárias.
c) Conforme a ordem alfabética dos partidos.
d) Através de um sorteio entre os partidos.

Resposta: b) De maneira proporcional, considerando as maiores médias partidárias.

Comentário: A distribuição das cadeiras para os partidos que ultrapassam o quociente eleitoral é feita de maneira proporcional, levando em conta as maiores médias partidárias, conforme a fórmula de média de D'Hondt.

11. (IESES - TRE-MA - Analista Judiciário - Análise de Sistemas)

No Sistema Eleitoral Brasileiro o candidato que recebe a maioria simples de votos em um distrito é eleito. Na hipótese de vacância de um cargo eletivo, como é feito o preenchimento dessa vaga no Sistema Eleitoral Brasileiro?

a) Novas eleições são convocadas.
b) O partido mais votado na última eleição assume o cargo.
c) O suplente mais votado é convocado.
d) O Tribunal Eleitoral indica um novo representante.

Resposta: c) O suplente mais votado é convocado.

Comentário: No caso de vacância de um cargo eletivo, o suplente mais votado do mesmo partido ou coligação assume a vaga, garantindo a continuidade da representação.

12. (IBFC - TRE-PA - Analista Judiciário - Análise de Sistemas)

O que diferencia o voto obrigatório do voto facultativo em um sistema democrático?

a) O voto obrigatório é aplicado em eleições proporcionais, enquanto o voto facultativo é utilizado em eleições majoritárias.
b) No voto obrigatório, o eleitor é penalizado se não comparecer às urnas; no voto facultativo, a participação é espontânea.
c) O voto obrigatório é adotado em países presidencialistas, enquanto o voto facultativo ocorre em países parlamentaristas.
d) O voto obrigatório é exclusivo de sistemas multipartidários, enquanto o voto facultativo é comum em sistemas bipartidários.

Resposta: b) No voto obrigatório, o eleitor é penalizado se não comparecer às urnas; no voto facultativo, a participação é espontânea.

Comentário: Em sistemas com voto obrigatório, os eleitores são obrigados por lei a votar, sujeitos a penalidades em caso de não comparecimento. Já em sistemas com voto facultativo, a participação é voluntária.

13. (IBFC - TRE-PA - Analista Judiciário - Análise de Sistemas)
Como a cláusula de barreira impacta a representação partidária no Sistema Eleitoral Brasileiro?
a) Estabelece o número mínimo de votos para que um partido possa participar das eleições.
b) Limita o número de partidos que podem ocupar cargos no legislativo, exigindo um percentual mínimo de votos.
c) Define a idade mínima para a criação de novos partidos políticos.
d) Regula a propaganda eleitoral, impedindo a participação de certos partidos.

Resposta: b) Limita o número de partidos que podem ocupar cargos no legislativo, exigindo um percentual mínimo de votos.

Comentário: A cláusula de barreira estabelece um limite mínimo de votos que um partido deve alcançar para ter direito a cadeiras no legislativo, buscando reduzir a fragmentação partidária.

14. (IBFC - TRE-PA - Analista Judiciário - Análise de Sistemas)
O Brasil utiliza urnas eletrônicas para votação, consideradas um modelo de eficiência e rapidez. No entanto, a segurança do sistema é objeto de discussão e auditorias frequentes. Qual é a principal função da urna eletrônica no Sistema Eleitoral Brasileiro?
a) Garantir o sigilo do voto.
b) Facilitar a contagem manual dos votos.
c) Permitir a votação online.
d) Agilizar o processo de apuração dos resultados.

Resposta: d) Agilizar o processo de apuração dos resultados.

Comentário: A principal função da urna eletrônica é agilizar o processo de apuração dos votos, proporcionando resultados mais rápidos e eficientes.

15. (CIEE - TRE-DF - Estagiário - Nível Médio)
Como o financiamento de campanha influencia o Sistema Eleitoral Brasileiro?
a) Não tem impacto significativo no sistema.
b) Pode afetar a igualdade entre os candidatos e partidos.
c) É proibido por lei.
d) Aumenta a representatividade feminina.

Resposta: b) Pode afetar a igualdade entre os candidatos e partidos.

Comentário: O financiamento de campanha pode influenciar a igualdade entre candidatos e partidos, sendo necessário regulamentação para evitar desequilíbrios.

16. (CIEE - TRE-DF - Estagiário - Nível Médio)
Qual é a diferença entre o voto nulo e o voto em branco nas eleições brasileiras?
a) O voto nulo é aquele em que o eleitor não escolhe nenhum candidato, enquanto o voto em branco é quando o eleitor escolhe mais de um.
b) O voto nulo é considerado um protesto, enquanto o voto em branco é uma forma de demonstrar apoio a todos os candidatos.
c) O voto nulo é quando o eleitor anula intencionalmente o voto, enquanto o voto em branco é quando o eleitor não marca nenhum candidato na cédula.
d) O voto nulo é quando o eleitor vota em candidatos de partidos diferentes, enquanto o voto em branco é quando o eleitor não vota em nenhum candidato.

Resposta: c) O voto nulo é quando o eleitor anula intencionalmente o voto, enquanto o voto em branco é quando o eleitor não marca nenhum candidato na cédula.

Comentário: O voto nulo ocorre quando o eleitor anula intencionalmente seu voto, enquanto o voto em branco é quando o eleitor não escolhe nenhum candidato, deixando a cédula em branco.

17. (FCC - TRE-AP - Técnico Judiciário - Programação de Sistemas)
O sistema majoritário é um método eleitoral no qual os candidatos ou partidos que recebem a maioria absoluta (maior quantidade de votos, não necessariamente a maioria total) são eleitos. Em quais eleições é adotado o sistema majoritário?
a) Eleições para deputados federais.
b) Eleições para prefeitos.
c) Eleições para vereadores.
d) Eleições para senadores.

Resposta Correta: b) Eleições para prefeitos.

Comentário: O sistema majoritário é comumente utilizado em eleições para prefeitos, senadores, governadores, presidente da República, entre outros cargos em que o candidato mais votado é o vencedor.

18. (FCC - TRE-AP - Técnico Judiciário - Programação de Sistemas)
O Sistema Eleitoral Brasileiro tem vantagem como simplicidade e clareza na escolha do eleitor que também pode votar se estiver distante do seu domicílio eleitoral. O que caracteriza o voto em trânsito nas eleições brasileiras?
a) Eleitores que votam enquanto estão em movimento.
b) Possibilidade de eleitores votarem em qualquer localidade do país, fora de seus domicílios eleitorais.

c) Eleitores que escolhem seus candidatos apenas durante o percurso até a zona eleitoral.
d) Forma de votação exclusiva para eleitores que se deslocam entre estados.

Resposta: b) Possibilidade de eleitores votarem em qualquer localidade do país, fora de seus domicílios eleitorais.

Comentário: O voto em trânsito permite que os eleitores votem em qualquer localidade do país, mesmo que estejam fora de seus domicílios eleitorais, em eleições específicas.

19. (ND - TRE-ES - Técnico Judiciário – Área Administrativa)
Quais são as principais funções do Tribunal Regional Eleitoral (TRE) no sistema eleitoral brasileiro?
a) Organizar as eleições municipais.
b) Fiscalizar o Poder Legislativo.
c) Julgar ações criminais eleitorais.
d) Gerenciar a propaganda partidária.

Resposta: c) Julgar ações criminais eleitorais.

Comentário: O TRE é responsável por julgar ações criminais eleitorais, garantindo a lisura e a legalidade dos processos eleitorais.

20. (ND - TRE-ES - Técnico Judiciário – Área Administrativa)
Qual é a função do TSE (Tribunal Superior Eleitoral) no Sistema Eleitoral Brasileiro?
a) Fiscalizar o Poder Judiciário.
b) Organizar as eleições municipais.
c) Zelar pela regularidade e legitimidade dos pleitos em âmbito nacional.
d) Gerenciar as finanças dos partidos políticos.

Resposta: c) Zelar pela regularidade e legitimidade dos pleitos em âmbito nacional.

Comentário: O TSE é responsável por zelar pela regularidade e legitimidade dos pleitos em âmbito nacional, garantindo a integridade do processo eleitoral.

21. (FCC - TRE-AM - Técnico Judiciário)

O Sistema Eleitoral Brasileiro utiliza urnas eletrônicas para votação, consideradas um modelo de eficiência e rapidez. No entanto, a segurança do sistema é objeto de discussão e auditorias frequentes. O que caracteriza o voto paralelo no Sistema Eleitoral Brasileiro?

a) Eleitores votam duas vezes para o mesmo cargo.
b) Eleitores votam em candidatos de partidos diferentes.
c) Eleitores utilizam uma cédula diferente durante as eleições.
d) Procedimento de verificação realizado durante a votação para garantir a confiabilidade do sistema eletrônico de votação.

Resposta Correta: d) Procedimento de verificação realizado durante a votação para garantir a confiabilidade do sistema eletrônico de votação.
Comentário: O voto paralelo é um procedimento realizado durante as eleições para verificar a confiabilidade do sistema eletrônico de votação, garantindo a transparência e a segurança do processo.

22. (CESPE - TRE-BA - Analista Judiciário – Odontologia)

A fidelidade partidária estabelece a obrigação dos candidatos eleitos permanecerem no partido pelo qual foram eleitos, evitando trocas partidárias sem justificativa.
Certo
Errado
Gabarito: Certo
Comentário: Há obrigatoriedade dos candidatos eleitos permanecerem no partido pelo qual foram eleitos.

23. (FCC - TRE-AM - Técnico Judiciário)
O voto é um tema de debate em muitos países, e as diferentes variações desse sistema podem abordar algumas das críticas associadas a ele. A escolha entre sistemas eleitorais muitas vezes reflete as prioridades e valores específicos de cada sociedade. O que caracteriza um sistema eleitoral misto?
a) Eleitores escolhem candidatos de diferentes partidos.
b) Combina elementos de sistemas majoritários e proporcionais.
c) Cada eleitor tem direito a múltiplos votos.
d) Voto em lista fechada com preenchimento obrigatório de todos os cargos.

Resposta Correta: b) Combina elementos de sistemas majoritários e proporcionais.

Comentário: Um sistema eleitoral misto combina elementos de sistemas majoritários e proporcionais, buscando equilibrar a representatividade individual com a proporcionalidade partidária.

24. (CESPE - TRE-BA - Analista Judiciário – Odontologia)
A principal função da Justiça Eleitoral no Brasil é zelar pela regularidade e legitimidade dos pleitos, bem como julgar ações eleitorais.
Certo
Errado

Gabarito: Certo

Comentário: A Justiça Eleitoral tem a responsabilidade de zelar pela regularidade e legitimidade dos pleitos, além de julgar ações eleitorais para garantir a lisura do processo eleitoral.

25. (CESPE - TRE-BA - Analista Judiciário – Tecnologia)
O que caracteriza o quociente eleitoral em eleições proporcionais é a divisão igualitária de cadeiras entre todos os partidos participantes.
Certo
Errado

Gabarito: Erado
Comentário: O quociente eleitoral é o número de votos necessário para que um partido ou coligação obtenha uma cadeira em eleições proporcionais.

26. (CESPE - TRE-BA - Analista Judiciário – Tecnologia)
O papel do Ministério Público Eleitoral no contexto do Sistema Eleitoral Brasileiro é investigar crimes eleitorais e propor ações judiciais contra candidaturas ou partidos.
Certo
Errado
Gabarito: Certo
Comentário: O Ministério Público Eleitoral tem a função de investigar crimes eleitorais, além de propor ações judiciais quando necessário, contribuindo para a manutenção da lisura do processo eleitoral.

27. (CESPE - TRE-BA - Analista Judiciário – Tecnologia)
No sistema de lista fechada, os eleitores votam em uma lista predefinida de candidatos pelo partido, sem a possibilidade de escolher candidatos individuais.
Certo
Errado
Gabarito: Certo
Comentário: No sistema de lista fechada, os partidos apresentam uma lista preordenada de candidatos, e os eleitores votam no partido, não no candidato individual. A distribuição de cadeiras é feita de acordo com a proporção de votos que cada partido recebe. Os candidatos são eleitos de acordo com a ordem estabelecida na lista do partido.

28. (ND - TRE-ES - Técnico Judiciário - Área Administrativa)
O sistema eleitoral brasileiro adota o sistema proporcional para a eleição de deputados federais, estaduais e vereadores. Como se caracteriza o voto em trânsito nas eleições brasileiras?
a) Possibilidade de eleitores votarem fora do país.
b) Votação itinerante em locais de grande movimentação.
c) Facilidade de votar em diferentes locais do mesmo município.
d) Voto de eleitores em deslocamento entre municípios.

Resposta Correta: a) Possibilidade de eleitores votarem fora do país.

Comentário: O voto em trânsito permite que eleitores votem fora do seu domicílio eleitoral, sendo especialmente aplicado para brasileiros que estão temporariamente no exterior durante as eleições.

29. (ND - TRE-ES - Técnico Judiciário - Área Administrativa)
O sistema eleitoral brasileiro é misto, com diferentes regras para a eleição de cargos proporcionais (deputados federais, deputados estaduais/distritais e vereadores) e cargos majoritários (presidente, governadores, senadores e prefeitos). Como o sistema de cotas eleitorais contribui para a representatividade na política brasileira?
a) Estabelece limites para os gastos de campanha.
b) Garante a participação equitativa de mulheres e minorias étnicas nas eleições.
c) Regula a propaganda eleitoral.
d) Define critérios para a distribuição de votos.

Resposta Correta: b) Garante a participação equitativa de mulheres e minorias étnicas nas eleições.

Comentário: O sistema de cotas eleitorais visa garantir uma participação mais equitativa de mulheres e minorias étnicas na política, promovendo a diversidade e representatividade.

30. (FCC - TRE-AP - Técnico Judiciário)

A Lei estabelece que um político eleito por um determinado partido deve permanecer nesse partido durante o seu mandato. O que é fidelidade partidária no Sistema Eleitoral Brasileiro?

a) A obrigação dos partidos em lançarem candidatos em todas as eleições.

b) A lealdade dos eleitores a um partido específico.

c) A obrigatoriedade dos candidatos eleitos permanecerem no partido pelo qual foram eleitos.

d) A fidelidade dos partidos em seguir as orientações do Tribunal Superior Eleitoral.

Resposta Correta: c) A obrigatoriedade dos candidatos eleitos permanecerem no partido pelo qual foram eleitos.

Comentário: A fidelidade partidária implica na obrigação dos candidatos eleitos permanecerem no partido pelo qual foram eleitos, evitando trocas partidárias sem justificativa.

31. (FCC - TRE-AP - Técnico Judiciário)

O sistema eleitoral brasileiro adota o sistema proporcional para a eleição de deputados federais, estaduais e vereadores. Dentro do sistema proporcional, há duas modalidades principais: lista aberta e lista fechada. Em eleições proporcionais, o que são coligações partidárias?

a) União de partidos para formar uma única legenda.

b) Acordos entre candidatos para compartilhar votos.

c) Fusão de partidos para ganhar representação no legislativo.

d) Aliança de partidos para concorrer de forma conjunta, somando votos para a distribuição proporcional de cadeiras.

Resposta Correta: d) Aliança de partidos para concorrer de forma conjunta, somando votos para a distribuição proporcional de cadeiras.

Comentário: Coligações partidárias são alianças entre partidos que se unem para concorrer de forma conjunta, somando seus votos para a distribuição proporcional de cadeiras em eleições proporcionais.

32. (CONSULPLAN – TER/MG – Técnico Judiciário)
No contexto brasileiro, Ficha Limpa de candidatos ganhou destaque como uma norma ética e legal que visa manter a coesão, a disciplina e a ética dos candidatos. Qual é o objetivo da Lei da Ficha Limpa no contexto eleitoral?
a) Estabelecer limites para gastos de campanha.
b) Impedir a participação de partidos políticos com ideologias extremistas.
c) Garantir a transparência nas eleições.
d) Impedir a candidatura de pessoas condenadas por decisão colegiada ou com inelegibilidade.

Resposta Correta: d) Impedir a candidatura de pessoas condenadas por decisão colegiada ou com inelegibilidade.

Comentário: A Lei da Ficha Limpa tem como objetivo impedir a candidatura de pessoas condenadas por decisão colegiada ou com inelegibilidade, visando garantir a probidade e a moralidade no exercício da função pública.

33. (CONSULPLAN – TER/MG – Técnico Judiciário)
As leis e regras eleitorais podem ser alteradas ao longo do tempo e é possível que haja mudanças também em eleições específicas de colégio eleitoral, chegando até a anulação de um pleito. O que caracteriza a anulação de uma eleição?
a) A não participação de eleitores.
b) A invalidação de votos nulos.
c) A ocorrência de fraudes durante o pleito.
d) A ausência de candidatos.

Resposta Correta: c) A ocorrência de fraudes durante o pleito.

Comentário: A anulação de uma eleição pode ocorrer em casos de fraudes que comprometam a lisura e a legitimidade do pleito.

34. (CONSULPLAN – TER/MG – Técnico Judiciário)

O sistema eleitoral brasileiro é misto, com diferentes regras para a eleição de cargos políticos, podemos contar nesse sistema com leis que estabelecem o funcionamento do sistema. O que é o Tribunal Regional Eleitoral (TRE) e qual é a sua principal função no Sistema Eleitoral Brasileiro?

a) É uma instância de julgamento de crimes eleitorais e sua principal função é organizar as eleições municipais.

b) É responsável por julgar ações criminais eleitorais e garantir a regularidade dos pleitos em âmbito estadual.

c) Atua na fiscalização do Poder Legislativo e sua principal função é gerenciar as finanças dos partidos políticos.

d) Coordena o processo de apuração dos votos e organiza as eleições presidenciais.

Resposta Correta: b) É responsável por julgar ações criminais eleitorais e garantir a regularidade dos pleitos em âmbito estadual.

Comentário: O TRE é responsável por julgar ações criminais eleitorais e garantir a regularidade dos pleitos em âmbito estadual, atuando como uma instância da Justiça Eleitoral.

35. (FCC - TRT - 15ª Região (SP) - Analista Judiciário – História)

O Ministério Público Eleitoral (MPE) é uma instituição que desempenha um papel fundamental no sistema eleitoral brasileiro. Quais são as principais funções do Ministério Público Eleitoral no Brasil?

a) Organizar campanhas de conscientização eleitoral e registrar candidaturas.

b) Coordenar o processo de apuração dos votos e fiscalizar o Poder Judiciário.

c) Investigar crimes eleitorais, propor ações judiciais e zelar pela regularidade do processo eleitoral.

d) Gerenciar as finanças dos partidos políticos e regulamentar a propaganda eleitoral.

Resposta Correta: c) Investigar crimes eleitorais, propor ações judiciais e zelar pela regularidade do processo eleitoral.

Comentário: O Ministério Público Eleitoral tem a função de investigar crimes eleitorais, propor ações judiciais e zelar pela regularidade do processo eleitoral.

36. (FCC - TRT - 15ª Região (SP) - Analista Judiciário – História)
A fidelidade partidária é um princípio que se refere à lealdade dos políticos aos partidos políticos aos quais estão filiados. No contexto brasileiro, a fidelidade partidária ganhou destaque como uma norma ética e legal que visa manter a coesão e a disciplina partidária. O que é a "janela partidária" no contexto político brasileiro?

a) Período em que os partidos podem trocar de liderança interna.

b) Possibilidade para os partidos fundirem-se e formarem novas legendas.

c) Momento em que os filiados podem mudar de partido sem perder o mandato.

d) Janela de tempo destinada à propaganda partidária na televisão.

Resposta Correta: c) Momento em que os filiados podem mudar de partido sem perder o mandato.

Comentário: A "janela partidária" é o período em que os filiados podem mudar de partido sem perder o mandato, geralmente ocorrendo em anos eleitorais. A janela partidária ocorre em um período específico, geralmente alguns meses antes do término do prazo para a filiação partidária dos candidatos que pretendem concorrer nas eleições.

37. (IESES - TRE-MA - Analista Judiciário - Análise de Sistemas)
Como funciona o sistema de voto proporcional nas eleições para deputados federais no Brasil?
a) Cada eleitor vota em um único candidato, e os mais votados são eleitos.
b) Os votos são distribuídos de forma proporcional entre os partidos, que elegem candidatos de acordo com a votação total da legenda.
c) Os candidatos mais votados em cada estado são eleitos, independentemente do partido.
d) Cada eleitor vota em uma lista partidária predefinida.

Resposta Correta: b) Os votos são distribuídos de forma proporcional entre os partidos, que elegem candidatos de acordo com a votação total da legenda.

Comentário: No sistema proporcional para deputados federais, os votos são distribuídos proporcionalmente entre os partidos, que elegem candidatos com base na votação total da legenda.

38. (IESES - TRE-MA - Analista Judiciário - Análise de Sistemas)
Francisco Everardo Oliveira Silva, conhecido como Tiririca, um humorista brasileiro que se tornou conhecido por sua carreira artística e, posteriormente, ingressou na política. Tiririca foi eleito deputado federal pelo estado de São Paulo nas eleições de 2010, sendo o candidato mais votado do país naquele ano. O que é um "Tiririca eleitoral"?

a) Uma prática ilegal de compra de votos.
b) Um tipo específico de voto nulo.
c) Uma expressão popular para descrever candidatos sem experiência política.
d) Refere-se a candidatos que utilizam apelidos ou nomes fantasia na urna eletrônica.

Resposta Correta: d) Refere-se a candidatos que utilizam apelidos ou nomes fantasia na urna eletrônica.

Comentário: O termo "Tiririca eleitoral" é utilizado para descrever candidatos que escolhem apelidos ou nomes fantasia na urna eletrônica, muitas vezes de forma humorística.

39. (CESPE - TRE-MT - Técnico Judiciário – Administrativa)
As pesquisas de boca de urna são a consulta informal de eleitores sobre suas preferências enquanto estão votando, proporcionando uma indicação inicial dos resultados eleitorais.
Certo
Errado

Gabarito: Certo
Comentário: É importante observar que as pesquisas eleitorais têm limitações, e os resultados podem ser influenciados por diversos fatores, como a formulação das perguntas, a amostragem, a margem de erro e o momento em que são realizadas.

40. (CESPE - TRE-MT - Técnico Judiciário – Administrativa)
O financiamento público de campanhas refere-se ao uso de recursos obtidos por meio de empréstimos bancários para financiar as campanhas eleitorais, reduzindo a dependência de utilização do dinheiro público.

Certo

Errado

Gabarito: Errado

Comentário: O financiamento público de campanhas refere-se ao uso de recursos provenientes do orçamento público para financiar as campanhas eleitorais, reduzindo a dependência de contribuições privadas.

41.(CESPE - TRE-MT - Técnico Judiciário - Administrativa)
A Justiça Eleitoral tem a função de definir regras para a propaganda eleitoral, porém a fiscalização fica a cargo dos partidos, que poderão acionar o Ministério Público Eleitoral (MPE), a fim aplicar penalidades em caso de infrações.

Certo

Errado

Gabarito: Errado

Comentário: A Justiça Eleitoral tem a função de fiscalizar a propaganda eleitoral, garantindo que as regras estabelecidas sejam seguidas, e aplicar penalidades em caso de infrações.

42.(CESPE - TRE-MT - Técnico Judiciário - Administrativa)
A cláusula de barreira, também conhecida como cláusula de desempenho ou barreira eleitoral, refere-se a uma regra no sistema eleitoral que estabelece critérios mínimos de votos ou representação para que um partido político ou coligação possa ter acesso a benefícios como tempo de propaganda eleitoral gratuita, fundo partidário e tempo de TV.

Certo

Errado

Gabarito: Certo

Comentário: A cláusula de barreira estabelece uma exigência de votos mínimos para que um partido tenha acesso aos recursos do Fundo Partidário e a outras prerrogativas legais.

43. (FCC - TRE-AP - Técnico Judiciário - Programação de Sistemas)

O Tribunal Superior Eleitoral (TSE) é a mais alta instância da Justiça Eleitoral no Brasil e desempenha um papel crucial nas eleições do país. Suas responsabilidades abrangem diversas áreas relacionadas ao processo eleitoral. Qual é o papel do Tribunal Superior Eleitoral (TSE) nas eleições brasileiras?

a) Organizar as eleições estaduais.
b) Coordenar a fiscalização do Poder Executivo.
c) Zelar pela regularidade e legitimidade dos pleitos em âmbito nacional.
d) Julgar ações criminais não relacionadas às eleições.

Resposta: c) Zelar pela regularidade e legitimidade dos pleitos em âmbito nacional.

Comentário: O TSE tem a função de zelar pela regularidade e legitimidade dos pleitos em âmbito nacional, sendo a mais alta instância da Justiça Eleitoral no Brasil.

44. (CESPE / CEBRASPE - TRE-GO - Analista Judiciário – Administrativa)

O TSE exerce o papel de fiscalização e controle do processo eleitoral, assegurando que as regras e normas estabelecidas sejam cumpridas pelos órgãos regionais, pelos partidos políticos e pelos candidatos. O que é a inelegibilidade reflexa no contexto eleitoral?

a) Impedimento de candidatura de parentes de políticos já eleitos para o mesmo cargo.
b) Proibição de candidatura de pessoas com deficiência.
c) Restrição à candidatura de quem já exerceu determinados cargos públicos.

d) Inaptidão para candidatos que possuem pendências judiciais.

Resposta: a) Impedimento de candidatura de parentes de políticos já eleitos para o mesmo cargo.
Comentário: A inelegibilidade reflexa ocorre quando parentes de políticos já eleitos para o mesmo cargo são impedidos de se candidatarem.

45. (CESPE / CEBRASPE - TRE-GO - Analista Judiciário – Administrativa)

Ao longo da campanha, as pesquisas podem identificar tendências e mudanças nas preferências dos eleitores. Isso é crucial para que candidatos e partidos se adaptem às dinâmicas em evolução e entendam os fatores que influenciam a opinião pública. O que são votos brancos e nulos, e como são contabilizados nas eleições proporcionais?

a) Votos brancos são considerados válidos, enquanto votos nulos são descartados; ambos não impactam a distribuição proporcional de cadeiras.

b) Ambos os tipos de votos são considerados válidos, mas não impactam diretamente a distribuição proporcional de cadeiras.

c) Votos brancos são considerados válidos, e votos nulos são descartados; ambos impactam a distribuição proporcional de cadeiras.

d) Ambos os tipos de votos são descartados e não afetam a distribuição proporcional de cadeiras.

Resposta: b) Ambos os tipos de votos são considerados válidos, mas não impactam diretamente a distribuição proporcional de cadeiras.

Comentário: Votos brancos e nulos são considerados válidos, mas não são atribuídos a nenhum candidato, não impactando diretamente a distribuição proporcional de cadeiras em eleições proporcionais.

Capítulo 2

JUSTIÇA ELEITORAL

46. (CONSULPLAN – TER/MG – Técnico Judiciário)
O Tribunal Superior Eleitoral (TSE) é a mais alta instância da Justiça Eleitoral no Brasil e desempenha um papel crucial nas eleições do país. Qual é a composição do Tribunal Superior Eleitoral (TSE) e qual é sua principal competência?
a) É composto por juízes eleitorais de todos os estados e tem como principal competência organizar as eleições municipais.
b) É formado por ministros do Supremo Tribunal Federal e ministros do Superior Tribunal de Justiça, sendo responsável por julgar recursos em matéria eleitoral.
c) Conta com representantes do Ministério Público Eleitoral e advogados indicados pela Ordem dos Advogados do Brasil (OAB), tendo como competência registrar candidaturas.
d) É constituído por três ministros do Supremo Tribunal Federal, dois ministros do Superior Tribunal de Justiça e dois juristas, sendo responsável pela supervisão e organização das eleições federais.

Resposta Correta: b) É formado por ministros do Supremo Tribunal Federal e ministros do Superior Tribunal de Justiça, sendo responsável por julgar recursos em matéria eleitoral.

Comentário: O TSE é composto por ministros do Supremo Tribunal Federal (STF) e ministros do Superior Tribunal de Justiça (STJ), e sua principal competência é julgar recursos em matéria eleitoral.

47. (CONSULPLAN – TER/MG – Técnico Judiciário)
Além de ser responsável por organizar e supervisionar as eleições no Brasil, quais são as atribuições da Justiça Eleitoral em relação ao alistamento eleitoral?
a) Emitir diplomas para os candidatos eleitos.
b) Realizar o cadastramento biométrico dos eleitores.
c) Fiscalizar o financiamento de campanhas.
d) Coordenar a propaganda eleitoral.

Resposta Correta: b) Realizar o cadastramento biométrico dos eleitores.

Comentário: Uma das atribuições da Justiça Eleitoral é realizar o alistamento eleitoral, que inclui o cadastramento biométrico dos eleitores para garantir maior segurança e autenticidade no processo de votação.

48. (CONSULPLAN – TER/MG – Técnico Judiciário)
A Lei da Ficha Limpa representa um importante instrumento para combater a corrupção e fortalecer a integridade do processo eleitoral no Brasil. O que é, e como ela impacta a atuação da Justiça Eleitoral?
a) Estabelece regras para o funcionamento dos partidos políticos e não possui relação com a atuação da Justiça Eleitoral.
b) Regula o financiamento público de campanhas eleitorais, visando aumentar a transparência no processo eleitoral.
c) Impede a candidatura de pessoas condenadas por crimes eleitorais, com o objetivo de garantir a probidade no exercício de cargos públicos.
d) Define as normas para a realização de debates televisivos entre candidatos.

Resposta: c) Impede a candidatura de pessoas condenadas por crimes eleitorais, com o objetivo de garantir a probidade no exercício de cargos públicos.

Comentário: A Lei da Ficha Limpa tem como objetivo impedir a candidatura de pessoas condenadas por crimes eleitorais, contribuindo para a moralidade e probidade no exercício de cargos públicos.

49. (CONSULPLAN – TER/MG – Técnico Judiciário)
A Justiça Eleitoral garante o funcionamento adequado do sistema eleitoral brasileiro. Sua atuação é essencial para garantir a lisura, a transparência e a legitimidade das eleições no país. O que são as audiências públicas promovidas pela Justiça Eleitoral?
a) Sessões fechadas para discutir estratégias de campanha dos candidatos.
b) Reuniões entre os membros do Tribunal Superior Eleitoral para debater questões jurídicas.
c) Espaços para que a sociedade civil e os interessados possam se manifestar e contribuir com informações relevantes em processos eleitorais.
d) Entrevistas coletivas conduzidas pelos candidatos para divulgar suas propostas.

Resposta: c) Espaços para que a sociedade civil e os interessados possam se manifestar e contribuir com informações relevantes em processos eleitorais.

Comentário: Audiências públicas são oportunidades para que a sociedade civil e interessados possam se manifestar e contribuir com informações relevantes em processos eleitorais, promovendo a transparência e participação democrática.

50. (CONSULPLAN – TER/MG – Técnico Judiciário)
O Ministério Público Eleitoral é uma instituição independente e atua de forma autônoma no âmbito eleitoral. Qual é a função do Ministério Público Eleitoral (MPE) no contexto da Justiça Eleitoral?
a) Coordenar as campanhas eleitorais dos candidatos.
b) Fiscalizar o Poder Judiciário em questões eleitorais.

c) Investigar e denunciar crimes eleitorais, além de atuar como fiscal da lei em processos eleitorais.
d) Elaborar as normas para a realização de debates entre candidatos.

Resposta Correta: c) Investigar e denunciar crimes eleitorais, além de atuar como fiscal da lei em processos eleitorais.

Comentário: O Ministério Público Eleitoral tem a função de investigar e denunciar crimes eleitorais, além de atuar como fiscal da lei em processos eleitorais, garantindo a legalidade e a lisura do pleito.

51. (CESPE - TRE-MT - Técnico Judiciário - Administrativa)
A Ação de Investigação Judicial Eleitoral (AIJE) é um instrumento utilizado para denunciar práticas de corrupção no Poder Judiciário, assegurar a lisura e a legalidade do processo eleitoral.
Certo
Errado

Gabarito: Errado

Comentário: A Ação de Investigação Judicial Eleitoral (AIJE) é uma medida utilizada para apurar a prática de abuso de poder econômico ou político nas eleições, visando garantir a lisura do processo eleitoral.

52. (CESPE - TRE-MT - Técnico Judiciário - Administrativa)
A prestação de contas eleitoral consiste na demonstração transparente e detalhada dos recursos arrecadados e gastos efetuados por candidatos e partidos durante a campanha eleitoral, sendo essencial para garantir a transparência e legalidade do processo.

Certo
Errado

Gabarito: Certo

Comentário: A prestação de contas eleitoral é uma prática fundamental para assegurar a transparência e a integridade do processo eleitoral, evitando abusos e práticas ilegais relacionadas ao financiamento de campanhas. A fiscalização e análise rigorosa por parte da Justiça Eleitoral são essenciais para garantir a conformidade com as regras estabelecidas pela legislação.

53. (CESPE - TRE-MT - Técnico Judiciário - Administrativa)
O abuso de poder econômico nas eleições caracteriza-se pela apropriação indevida de verbas destinadas aos partidos políticos, assegurando assim a dissimetria entre os candidatos.
Certo
Errado

Gabarito: Errado

Comentário: O abuso de poder econômico nas eleições caracteriza-se pela utilização de recursos financeiros de forma excessiva para obter vantagem na disputa eleitoral, podendo comprometer a igualdade entre os candidatos.

54. (CESPE - TRE-MT - Técnico Judiciário - Administrativa)
A inelegibilidade de um candidato refere-se a situações em que há impedimento de candidatura baseado na idade do candidato, entre outras hipóteses previstas em lei.
Certo
Errado

Gabarito: Errado

Comentário: A inelegibilidade refere-se a situações em que a legislação eleitoral impede a candidatura devido a circunstâncias específicas, como condenações judiciais, entre outras hipóteses previstas em lei.

55. (CESPE - TRE-MT - Técnico Judiciário - Administrativa)
Crimes eleitorais são condutas ilícitas relacionadas ao processo eleitoral, como compra de votos, propaganda irregular, falsificação de documentos, entre outras práticas proibidas pela legislação.
Certo
Errado

Gabarito: Errado
Comentário: Crime eleitoral refere-se a práticas ilegais relacionadas ao processo eleitoral, que violam as leis eleitorais estabelecidas em um determinado país como compra de votos, propaganda irregular, falsificação de documentos, entre outras práticas. Esses crimes têm o potencial de comprometer a integridade do sistema democrático e podem incluir uma variedade de ações ilegais.

56. (CESPE - TRE-MT - Técnico Judiciário - Administrativa)
O abuso de poder político ocorre quando há utilização do cargo público para beneficiar um candidato ou partido durante o processo eleitoral, visando obter vantagens indevidas.
Certo
Errado

Gabarito: Certo
Comentário: O abuso de poder pode ocorrer em diversas formas, como abuso de poder econômico, abuso de poder político ou abuso de poder de meios de comunicação, buscando obter vantagem indevida nas eleições.

57. (FCC - TRT - 15ª Região (SP) - Analista Judiciário – História)

Oferecer, dar, prometer ou solicitar dinheiro, bens, benefícios ou qualquer vantagem em troca de votos é considerado crime eleitoral. Esse tipo de prática busca influenciar indevidamente a escolha do eleitor. O que é a cassação de mandato e em que circunstâncias um candidato eleito pode ter seu mandato cassado?

a) Suspensão temporária do mandato devido a irregularidades fiscais.

b) Anulação do mandato por decisão judicial, em casos de irregularidades graves durante a campanha eleitoral.

c) Renúncia voluntária do candidato eleito após a posse.

d) Perda do mandato devido a ausência prolongada do eleito.

Resposta: b) Anulação do mandato por decisão judicial, em casos de irregularidades graves durante a campanha eleitoral.

Comentário: A cassação de mandato refere-se à perda do cargo de um político eleito por decisão da Justiça Eleitoral ou de outro órgão competente. A cassação pode ocorrer em virtude de diversas razões, sendo as mais comuns relacionadas a irregularidades no processo eleitoral, como práticas ilegais durante a campanha, abuso de poder, corrupção ou outras violações das leis eleitorais.

58. (FCC - TRT - 15ª Região (SP) - Analista Judiciário – História)

Cassação de mandato é uma punição que priva ou anula ao condenado o direito de ocupar um cargo público e de ser eleito a qualquer outra função por um determinado período de tempo. Qual é a diferença entre ação de impugnação de mandato eletivo e ação de cassação de registro de candidatura?

a) Ação de impugnação de mandato eletivo refere-se à perda do mandato após a eleição, enquanto ação de cassação de registro de candidatura ocorre antes da votação.

b) Ambas se referem ao mesmo processo, sendo utilizados os termos de forma intercambiável.

c) Ação de cassação de registro de candidatura ocorre após a eleição, enquanto ação de impugnação de mandato eletivo é instaurada antes da votação.

d) Ação de impugnação de mandato eletivo é aplicada apenas a vereadores, enquanto ação de cassação de registro de candidatura se aplica aos demais cargos.

Resposta Correta: a) Ação de impugnação de mandato eletivo refere-se à perda do mandato após a eleição, enquanto ação de cassação de registro de candidatura ocorre antes da votação.

Comentário: A ação de impugnação de mandato eletivo refere-se à perda do mandato após a eleição, enquanto a ação de cassação de registro de candidatura ocorre antes da votação, questionando a elegibilidade do candidato.

59. (FCC - TRT - 15ª Região (SP) - Analista Judiciário – História)
Com base em denúncias, representações ou ações judiciais que apontam irregularidades cometidas pelo político, a justiça Eleitoral é acionada. O que é a Lei de Inelegibilidade e qual é o seu objetivo?

a) Estabelece as regras para a realização de debates televisivos entre candidatos.

b) Define critérios para a distribuição do Fundo Partidário entre os partidos políticos.

c) Impede a candidatura de pessoas condenadas por crimes eleitorais, visando assegurar a probidade no exercício de cargos públicos.

d) Regula o financiamento privado de campanhas eleitorais.

Resposta: c) Impede a candidatura de pessoas condenadas por crimes eleitorais, visando assegurar a probidade no exercício de cargos públicos.

Comentário: A Lei de Inelegibilidade impede a candidatura de pessoas condenadas por crimes eleitorais, buscando assegurar a probidade no exercício de cargos públicos.

60. (CESPE / CEBRASPE - TRE-MT - Analista Judiciário)

As mesas receptoras de votos funcionam durante o horário determinado pela Justiça Eleitoral para o processo eleitoral. Esse horário pode variar conforme a legislação e as normas específicas de cada eleição. O que são, e qual é o seu papel nas eleições?
a) Locais onde os eleitores se cadastram para votar.
b) Comitês de campanha responsáveis por organizar eventos políticos.
c) Espaços públicos onde ocorrem os debates entre candidatos.
d) Locais de votação designados para receber os eleitores, onde são instaladas urnas eletrônicas e mesários para garantir o processo de votação.

Resposta: d) Locais de votação designados para receber os eleitores, onde são instaladas urnas eletrônicas e mesários para garantir o processo de votação.

Comentário: As mesas receptoras de votos são locais de votação designados para receber os eleitores, onde são instaladas urnas eletrônicas e mesários para garantir o processo de votação.

61. (CESPE / CEBRASPE - TRE-MT - Analista Judiciário)

A votação paralela é uma prática que visa fortalecer a confiança dos eleitores no sistema eleitoral, demonstrando que os mecanismos de votação são seguros e confiáveis. O que é a votação paralela e qual é o seu propósito nas eleições?

a) Votação realizada exclusivamente por eleitores de partidos políticos em oposição.
b) Prática ilegal de votação fora do local designado.
c) Simulação realizada pela Justiça Eleitoral para verificar a segurança e integridade das urnas eletrônicas.
d) Forma de votação online disponível para eleitores que não podem comparecer pessoalmente.

Resposta Correta: c) Simulação realizada pela Justiça Eleitoral para verificar a segurança e integridade das urnas eletrônicas.

Comentário: A votação paralela é uma prática adotada em alguns países como um mecanismo de verificação e transparência no processo eleitoral, especialmente quando são utilizadas urnas eletrônicas. Ela consiste na realização de uma simulação, de forma paralela ao pleito oficial, para testar e verificar a integridade e a confiabilidade do sistema de votação.

62. (CESPE / CEBRASPE - TRE-MT - Analista Judiciário)
Existem estruturas organizadas durante as eleições para receber os eleitores e garantir a realização do processo de votação de forma ordenada e segura. O que são os fiscais de partido e qual é o seu papel durante as eleições?
a) São eleitores escolhidos aleatoriamente para fiscalizar o processo de votação.
b) Representantes de partidos políticos responsáveis por organizar comícios e eventos de campanha.
c) Advogados contratados por candidatos para acompanhar o processo eleitoral.
d) Membros de partidos designados para fiscalizar as eleições, observando a regularidade do pleito e dos votos.

Resposta Correta: d) Membros de partidos designados para fiscalizar as eleições, observando a regularidade do pleito e dos votos.

Comentário: Os fiscais de partido são membros designados por partidos políticos para fiscalizar as eleições, observando a regularidade do pleito e dos votos, garantindo a transparência e lisura do processo.

63. (ND - TRE-ES - Técnico Judiciário – Área Administrativa)
Qual é o papel do Tribunal Regional Eleitoral (TRE) no sistema judiciário eleitoral brasileiro?
a) Coordenar a atuação dos fiscais de partido durante as eleições.
b) Decidir sobre recursos em matéria eleitoral no âmbito estadual.
c) Elaborar as normas para a realização de debates entre candidatos.
d) Realizar a contagem final dos votos em eleições federais.

Resposta Correta: b) Decidir sobre recursos em matéria eleitoral no âmbito estadual.

Comentário: Os Tribunais Regionais Eleitorais (TREs) têm a responsabilidade de decidir sobre recursos em matéria eleitoral no âmbito estadual, sendo uma instância do sistema judiciário eleitoral.

64. (ND - TRE-ES - Técnico Judiciário – Área Administrativa)
O que é a diplomação dos candidatos eleitos e qual é o órgão responsável por esse procedimento?
a) Cerimônia de posse dos candidatos eleitos, realizada pelo presidente da República.
b) Entrega dos diplomas universitários aos candidatos eleitos, realizada pelas instituições de ensino.
c) Proclamação oficial dos resultados das eleições, realizada pelo Tribunal Superior Eleitoral (TSE).
d) Ato formal de reconhecimento e declaração dos candidatos eleitos, realizado pela Justiça Eleitoral.

Resposta: d) Ato formal de reconhecimento e declaração dos candidatos eleitos, realizado pela Justiça Eleitoral.

Comentário: A diplomação dos candidatos eleitos é um ato formal de reconhecimento e declaração realizado pela Justiça Eleitoral, onde os eleitos recebem os diplomas que os habilitam a tomar posse nos cargos para os quais foram eleitos.

65. (ND - TRE-ES - Técnico Judiciário – Área Administrativa)
O principal objetivo de eleições diretas é assegurar a integridade e a segurança do sistema eleitoral, verificando se as urnas eletrônicas funcionam corretamente e se os resultados são consistentes. O que é a Lei das Eleições e qual é sua principal finalidade?
a) Define as regras para a realização de plebiscitos e referendos no Brasil.
b) Estabelece as normas para a votação online em eleições.
c) Regula as eleições no Brasil, estabelecendo as condições de elegibilidade, as regras para o financiamento de campanhas e outros aspectos do processo eleitoral.
d) Determina as regras para a realização de debates entre candidatos.

Resposta: c) Regula as eleições no Brasil, estabelecendo as condições de elegibilidade, as regras para o financiamento de campanhas e outros aspectos do processo eleitoral.

Comentário: A Lei das Eleições regula as eleições no Brasil, visando fortalecer a confiança dos eleitores no sistema eleitoral, demonstrando que os mecanismos de votação são seguros e confiáveis.

66. (ND - TRE-ES - Técnico Judiciário - Área Administrativa)

As pesquisas eleitorais desempenham várias funções importantes no contexto político. O que são as pesquisas eleitorais e qual é a sua regulamentação no Brasil?

a) São levantamentos de opinião pública sobre temas diversos, sem regulamentação específica.

b) Instrumentos utilizados pelos partidos políticos para orientar suas estratégias de campanha.

c) Estudos acadêmicos sobre o comportamento eleitoral, sem impacto prático nas eleições.

d) Levantamentos que medem a intenção de voto dos eleitores, regulamentados por lei para garantir transparência e confiabilidade.

Resposta Correta: d) Levantamentos que medem a intenção de voto dos eleitores, regulamentados por lei para garantir transparência e confiabilidade.

Comentário: As pesquisas eleitorais são levantamentos que medem a intenção de voto dos eleitores, sendo regulamentadas por lei no Brasil para garantir transparência e confiabilidade.

67. (FCC - TRE-AM - Técnico Judiciário)

A Lei de Acesso à Informação abrange órgãos e entidades públicas relacionadas às eleições, como os tribunais eleitorais e demais órgãos vinculados à Justiça Eleitoral. Qual é a sua relevância no contexto eleitoral?

a) Regula o acesso da população a informações sigilosas de candidatos durante o período eleitoral.

b) Garante o acesso da imprensa a informações sobre as estratégias de campanha dos candidatos.

c) Estabelece regras para a divulgação de pesquisas eleitorais, visando a transparência no processo eleitoral.

d) Assegura o acesso dos cidadãos a informações públicas, promovendo a transparência e a participação no contexto eleitoral.

Resposta: d) Assegura o acesso dos cidadãos a informações públicas, promovendo a transparência e a participação no contexto eleitoral.

Comentário: A aplicação da Lei de Acesso à Informação no contexto eleitoral contribui para a transparência do processo eleitoral, permitindo que os cidadãos tenham acesso a informações cruciais para o exercício consciente do voto e para a fiscalização das atividades relacionadas às eleições.

68. (FCC - TRE-AM - Técnico Judiciário)
O Ministério Público Eleitoral (MPE) atua durante todo o processo eleitoral, desde a fiscalização do registro de candidaturas até a apuração dos resultados., a fim de promover a lisura do processo eleitoral. Qual é a diferença entre a inelegibilidade reflexa e a inelegibilidade direta?
a) Inelegibilidade reflexa refere-se a impedimentos temporários, enquanto inelegibilidade direta envolve restrições permanentes.
b) Inelegibilidade reflexa ocorre por condenações criminais, enquanto inelegibilidade direta é baseada em questões de idade.
c) Inelegibilidade direta é aplicada a todos os cargos eletivos, enquanto inelegibilidade reflexa é específica para determinados cargos.
d) Inelegibilidade direta refere-se a situações em que o candidato é diretamente responsável por irregularidades, enquanto inelegibilidade reflexa ocorre quando o candidato é afetado por atos de terceiros.

Resposta: d) Inelegibilidade direta refere-se a situações em que o candidato é diretamente responsável por irregularidades, enquanto inelegibilidade reflexa ocorre quando o candidato é afetado por atos de terceiros.

Comentário: A inelegibilidade direta ocorre quando o candidato é diretamente responsável por irregularidades que o tornam inelegível. Já a inelegibilidade reflexa ocorre quando o candidato é afetado por atos de terceiros, como parentes.

69. (FCC - TRE-AP - Técnico Judiciário - Programação de Sistemas)
No contexto brasileiro, a cláusula de desempenho foi introduzida pela Emenda Constitucional n° 97/2017, a fim de fortalecer partidos e coligações. O que são as cláusulas de desempenho e qual é o seu objetivo no sistema partidário brasileiro?
a) Restrições à participação de partidos novos nas eleições, visando proteger os partidos já estabelecidos.
b) Mecanismos para promover a fidelidade partidária entre os parlamentares.
c) Normas que estabelecem a periodicidade das eleições e a duração dos mandatos.
d) Critérios que os partidos devem atender para terem acesso a recursos públicos e tempo de propaganda eleitoral, buscando fortalecer a representação partidária.

Resposta: d) Critérios que os partidos devem atender para terem acesso a recursos públicos e tempo de propaganda eleitoral, buscando fortalecer a representação partidária.

Comentário: As cláusulas de desempenho são critérios que os partidos devem atender para terem acesso a recursos públicos e tempo de propaganda eleitoral, buscando fortalecer a representação partidária.

70. (FCC - TRE-AP - Técnico Judiciário - Programação de Sistemas)

A cláusula de desempenho, também conhecida como cláusula de barreira, é uma disposição legal que estabelece critérios mínimos para que partidos políticos ou coligações possam ter acesso a benefícios como tempo de propaganda eleitoral gratuita, fundo partidário e tempo de TV. O que são as coligações partidárias e qual é a sua importância nas eleições?

a) Acordos entre partidos para a formação de governos de coalizão após as eleições.

b) Alianças temporárias entre partidos para a disputa de eleições, permitindo a soma de votos.

c) Comitês de campanha que coordenam esforços entre diferentes partidos durante o processo eleitoral.

d) Acordos para a divisão proporcional de recursos públicos entre os partidos, independentemente do desempenho eleitoral.

Resposta: b) Alianças temporárias entre partidos para a disputa de eleições, permitindo a soma de votos.

Comentário: Coligações partidárias são alianças temporárias entre partidos para a disputa de eleições, permitindo a soma de votos e fortalecendo a representação conjunta.

71. (CIEE - TRE-DF - Estagiário - Nível Médio)

O que é a janela partidária e qual é o seu propósito?

a) Período em que os partidos podem trocar de nome sem perder sua representação no Congresso Nacional.

b) Momento em que os filiados podem migrar para outros partidos sem o risco de perda de mandato por infidelidade partidária.

c) Prazo para a realização de convenções partidárias e definição de candidaturas.

d) Janela de tempo durante as eleições para a propaganda partidária gratuita na televisão.

Resposta: b) Momento em que os filiados podem migrar para outros partidos sem o risco de perda de mandato por infidelidade partidária.

Comentário: A janela partidária é o período em que os filiados podem migrar para outros partidos sem o risco de perda de mandato por infidelidade partidária, permitindo ajustes na composição partidária.

72. (CIEE - TRE-DF - Estagiário - Nível Médio)
O que é o voto em trânsito e em quais situações os eleitores podem utilizá-lo?

a) Modalidade de voto online disponível para eleitores que não podem comparecer pessoalmente nas eleições.

b) Possibilidade de votar em candidatos de outros estados ou municípios, permitida apenas em eleições presidenciais.

c) Facilidade concedida a eleitores idosos para votar em locais de fácil acesso.

d) Opção para eleitores que estão fora de seu domicílio eleitoral votarem em outras cidades, estados ou no exterior.

Resposta: d) Opção para eleitores que estão fora de seu domicílio eleitoral votarem em outras cidades, estados ou no exterior.

Comentário: O voto em trânsito é a opção para eleitores que estão fora de seu domicílio eleitoral votarem em outras cidades, estados ou no exterior, proporcionando flexibilidade durante o processo eleitoral.

73. (CIEE - TRE-DF - Estagiário - Nível Médio)
O que caracteriza o voto em branco e o voto nulo nas eleições?

a) Voto em branco ocorre quando o eleitor não escolhe nenhum candidato, enquanto voto nulo é quando há mais de uma marcação na cédula.

b) Voto em branco é quando o eleitor escolhe um candidato, mas não registra o voto, enquanto voto nulo é quando o eleitor escolhe um candidato que não está na lista oficial.

c) Ambos indicam que o eleitor não deseja participar da eleição.

d) Voto em branco ocorre quando o eleitor escolhe todos os candidatos disponíveis, enquanto voto nulo é quando o eleitor não assina a cédula.

Resposta: a, Voto em branco ocorre quando o eleitor não escolhe nenhum candidato, enquanto voto nulo é quando há mais de uma marcação na cédula.

Comentário: O voto em branco ocorre quando o eleitor não escolhe nenhum candidato, enquanto o voto nulo é caracterizado quando há mais de uma marcação na cédula.

74. (CIEE - TRE-DF - Estagiário - Nível Médio)
O que é o quociente eleitoral e qual é o seu papel nas eleições proporcionais?

a) Número total de eleitores aptos a votar em uma eleição.

b) Média de idade dos eleitores em determinado pleito.

c) Quantidade mínima de votos necessária para a eleição de um candidato.

d) Resultado da divisão do número de votos válidos pelo número de vagas a preencher, sendo a base para a distribuição de cadeiras nas eleições proporcionais.

Resposta: d) Resultado da divisão do número de votos válidos pelo número de vagas a preencher, sendo a base para a distribuição de cadeiras nas eleições proporcionais.

Comentário: O quociente eleitoral é o resultado da divisão do número de votos válidos pelo número de vagas a preencher, sendo a base para a distribuição proporcional de cadeiras nas eleições proporcionais.

75. (CESPE - TRE-MT - Técnico Judiciário - Administrativa)

A cláusula de barreira também conhecida como clausula de desempenho têm a função de ajudar a detectar anomalias nos resultados das eleições, o que pode indicar possíveis fraudes. Essa função é mais observada em contextos onde há preocupações com a integridade do processo eleitoral.

Certo

Errado

Gabarito: Errado

Comentário: A cláusula de barreira é um critério que define a quantidade mínima de votos ou cadeiras que um partido deve obter para ter acesso a recursos públicos e tempo de propaganda eleitoral, buscando fortalecer a representação partidária.

76. (CESPE - TRE-MT - Técnico Judiciário - Administrativa)

Coligações proporcionais são acordos entre partidos para a formação de governos de coalizão após as eleições, visando promover a estabilidade política e a governabilidade.

Certo

Errado

Gabarito: Errado

Comentário: Coligações proporcionais são alianças temporárias entre partidos para a disputa de eleições proporcionais, permitindo a soma de votos e a distribuição proporcional de cadeiras legislativas.

capítulo 3

PARTIDOS POLÍTICOS

Partidos Políticos

77. (CONSULPLAN – TER/MG – Técnico Judiciário)

O sistema partidário de um país refere-se à configuração e dinâmica dos partidos políticos naquele contexto. Qual é o papel dos diretórios partidários na estrutura dos partidos políticos?

a) Responsáveis pela tomada de decisões estratégicas a nível nacional.

b) Órgãos de representação dos partidos em instâncias internacionais.

c) Comitês responsáveis pela articulação das campanhas eleitorais.

d) Núcleos locais dos partidos, encarregados da organização e coordenação das atividades partidárias em municípios, estados ou regiões.

Resposta Correta: d) Núcleos locais dos partidos, encarregados da organização e coordenação das atividades partidárias em municípios, estados ou regiões.

Comentário: Um diretório partidário refere-se a uma estrutura organizacional dentro de um partido político, responsável por coordenar atividades, tomar decisões e representar o partido em determinada área geográfica.

78.(CONSULPLAN – TER/MG – Técnico Judiciário)

Os partidos políticos precisam de recursos financeiros para conduzir suas atividades. O que caracteriza o financiamento partidário no Brasil?

a) Apenas doações de pessoas físicas são permitidas, com limite estabelecido por lei.

b) Exclusivamente recursos provenientes do Fundo Partidário.

c) Possibilidade de doações de pessoas físicas e jurídicas, sendo as últimas limitadas a um percentual do faturamento bruto.

d) Financiamento integral do governo, sem possibilidade de doações externas.

Resposta Correta: c) Possibilidade de doações de pessoas físicas e jurídicas, sendo as últimas limitadas a um percentual do faturamento bruto.

Comentário: O financiamento partidário no Brasil pode vir de doações de membros, contribuições de simpatizantes, fundos públicos (em alguns casos) e outras fontes.

79. (CONSULPLAN – TER/MG – Técnico Judiciário)
O sistema partidário de um país refere-se à configuração e dinâmica dos partidos políticos naquele contexto. Pode variar desde um sistema bipartidário (com dois grandes partidos) até um sistema multipartidário (com vários partidos atuantes). O que são as convenções partidárias e qual é o seu papel no processo eleitoral?
a) Reuniões internas dos partidos para discutir estratégias de campanha.
b) Eventos de confraternização entre filiados de um partido.
c) Encontros para a escolha de candidatos e formação de coligações, realizados antes das eleições.
d) Debates públicos entre líderes partidários.

Resposta Correta: c) Encontros para a escolha de candidatos e formação de coligações, realizados antes das eleições.

Comentário: As convenções partidárias são encontros realizados antes das eleições, onde os partidos escolhem seus candidatos e decidem sobre coligações.

80. (FCC - TRT - 15ª Região (SP) - Analista Judiciário – História)

A questão da fidelidade partidária é complexa e, em muitos casos, envolve ponderar a lealdade ao partido versus a lealdade aos princípios e à vontade do eleitorado. O que é fidelidade partidária e qual é a sua importância no sistema político?

a) Prática de sempre votar nos candidatos do mesmo partido.

b) Manutenção da filiação a um partido político e o compromisso em seguir suas diretrizes, evitando trocas partidárias sem justa causa.

c) Exigência de que os partidos políticos sejam fiéis às promessas de campanha.

d) Aderência estrita às ideologias de um partido, independentemente das circunstâncias.

Resposta: b) Manutenção da filiação a um partido político e o compromisso em seguir suas diretrizes, evitando trocas partidárias sem justa causa.

Comentário: A fidelidade partidária refere-se ao compromisso de políticos e membros de um partido político de permanecerem leais e alinhados às diretrizes e decisões do partido ao qual estão filiados. È uma característica fundamental dos sistemas políticos organizados em torno de partidos, e sua importância pode variar entre os diferentes sistemas políticos e países.

81. (FCC - TRT - 15ª Região (SP) - Analista Judiciário – História)

O Fundo Partidário desempenha um papel significativo na sustentação financeira dos partidos políticos, contribuindo para a sua atuação contínua e para a realização de suas atividades. Qual é a sua finalidade no contexto político?

a) Recursos destinados exclusivamente à propaganda eleitoral na televisão e rádio.

b) Fundos criados para financiar apenas as campanhas presidenciais.

c) Recursos públicos destinados aos partidos políticos, sendo o Fundo Partidário para manutenção das atividades partidárias e o Fundo Eleitoral para financiamento das campanhas eleitorais.

d) Doações privadas que os partidos recebem durante o período eleitoral.

Resposta: c) Recursos públicos destinados aos partidos políticos, sendo o Fundo Partidário para manutenção das atividades partidárias e o Fundo Eleitoral para financiamento das campanhas eleitorais.

Comentário: O Fundo Partidário é um instrumento de financiamento público destinado aos partidos políticos. Ele tem como objetivo prover recursos financeiros para as atividades rotineiras e manutenção das legendas, contribuindo para a sua atuação no cenário político.

82. (FCC - TRT - 15ª Região (SP) - Analista Judiciário – História)

A propaganda partidária é uma ferramenta crucial para os partidos políticos se comunicarem com o público, apresentarem suas propostas e fortalecerem sua presença na arena política. O que caracteriza a propaganda partidária gratuita e qual é o seu objetivo?

a) Comercialização de espaços publicitários por partidos políticos durante o período eleitoral.

b) Divulgação de informações sobre as atividades dos partidos políticos, transmitida gratuitamente pelos meios de comunicação durante anos não eleitorais.

c) Propaganda paga pelos partidos para promover seus candidatos durante a campanha eleitoral.

d) Apresentação de programas humorísticos e musicais pelos partidos na televisão.

Resposta: b) Divulgação de informações sobre as atividades dos partidos políticos, transmitida gratuitamente pelos meios de comunicação durante anos não eleitorais.

Comentário: A propaganda partidária gratuita é uma forma de comunicação utilizada pelos partidos políticos para divulgar suas ideias, propostas e promover a imagem da legenda. Ela é uma ferramenta importante para a participação democrática, permitindo que os partidos se comuniquem diretamente com o eleitorado.

83. (IESES - TRE-MA - Analista Judiciário - Análise de Sistemas)

Quando alguém decide se filiar a um partido, espera-se que siga as orientações e princípios daquele partido, estará diretamente ligado ao partido, comungando dos objetivos e norteamentos. O que é a filiação partidária e qual é a sua importância para os cidadãos que desejam participar da vida política?

a) Registro obrigatório de todos os cidadãos no partido que está no poder.

b) Opção voluntária de um cidadão de se associar a um partido político, tornando-se membro e podendo participar das decisões partidárias.

c) Vínculo empregatício entre um cidadão e um partido político.

d) Atestado de aptidão política emitido pela Justiça Eleitoral.

Resposta Correta: b) Opção voluntária de um cidadão de se associar a um partido político, tornando-se membro e podendo participar das decisões partidárias.

Comentário: A filiação partidária refere-se ao compromisso de políticos e membros de um partido político de permanecerem leais e alinhados às diretrizes e decisões do partido ao qual estão filiados. É uma característica fundamental dos sistemas políticos organizados em torno de partidos, e sua importância pode variar entre os diferentes sistemas políticos e países.

84. (IESES - TRE-MA - Analista Judiciário - Análise de Sistemas)

Políticos podem mudar de partido por diversas razões, como discordâncias ideológicas, insatisfação com a liderança do partido, ou a busca por melhores oportunidades políticas. Qual é o prazo para filiação partidária visando a participação em uma eleição?

a) Não há prazo específico; a filiação pode ser feita a qualquer momento, inclusive no dia da eleição.
b) Pelo menos 1 ano antes do pleito.
c) Até 6 meses antes da eleição.
d) O cidadão pode filiar-se até o dia da convenção partidária.

Resposta Correta: c) Até 6 meses antes da eleição.

Comentário: O prazo para filiação partidária visando a participação em uma eleição é até 6 meses antes do pleito.

85. (IESES - TRE-MA - Analista Judiciário - Análise de Sistemas)

A adoção de cotas de gênero nas eleições é uma estratégia para promover a igualdade e a diversidade de gênero na política, reconhecendo que a representação equitativa é fundamental para a saúde de uma democracia. Qual é o seu objetivo nas eleições?

a) Limitação no número de candidatos de um mesmo gênero em uma eleição.
b) Estabelecimento de um número mínimo e máximo de eleitores de cada gênero em uma eleição.

c) Determinação de um percentual mínimo de candidaturas para cada gênero, visando promover a equidade de gênero na representação política.

d) Restrição de candidaturas femininas apenas a cargos relacionados à área de gênero.

Resposta Correta: c) Determinação de um percentual mínimo de candidaturas para cada gênero, visando promover a equidade de gênero na representação política.

Comentário: As cotas de gênero nas eleições referem-se a medidas específicas adotadas para promover a representação equitativa de homens e mulheres nos órgãos legislativos e executivos. Essas cotas buscam superar desigualdades históricas de gênero na participação política e garantir uma maior diversidade de vozes na tomada de decisões.

86. (CESPE - TRE-MT - Técnico Judiciário – Administrativa)
A Lei da Ficha Limpa são normas que definem o processo de filiação partidária, visando ponderar a lealdade ao partido versus a lealdade aos princípios e à vontade do eleitorado.
Certo
Errado

Gabarito: Errado

Comentário: A Lei da Ficha Limpa estabelece critérios de inelegibilidade, visando impedir a candidatura de pessoas condenadas por órgão colegiado em decisões transitadas em julgado ou por outros crimes específicos.

87. (CESPE - TRE-MT - Técnico Judiciário - Administrativa)

A inelegibilidade é a restrição temporária de direitos políticos por irregularidades cometidas durante a campanha eleitoral, a fim de garantir o processo democrático e transparência no cenário politico.

Certo

Errado

Gabarito: Errado

Comentário: A inelegibilidade é a condição que impede um cidadão de se candidatar a cargos eletivos, em razão de determinadas situações previstas em lei. A identificação e punição de crimes eleitorais geralmente são responsabilidades da Justiça Eleitoral e do Ministério Público Eleitoral.

88. (CESPE - TRE-MT - Técnico Judiciário - Administrativa)

O voto em trânsito é a opção para eleitores que estão fora de seu domicílio eleitoral votarem em outras cidades, estados ou no exterior, proporcionando flexibilidade durante o processo eleitoral.

Certo

Errado

Gabarito: Certo

Comentário: O voto em trânsito é uma modalidade de voto que permite que eleitores exerçam seu direito de voto em um local diferente de sua zona eleitoral de origem. Essa prática visa facilitar a participação de eleitores que estejam temporariamente fora de sua cidade de residência durante as eleições.

89. (CESPE - TRE-MT - Técnico Judiciário – Administrativa)

As pesquisas de opinião são instrumentos de coleta de dados que buscam mensurar a preferência do eleitorado em relação aos candidatos e temas políticos, sendo importantes para entender o cenário eleitoral.

Certo

Errado

Gabarito: Certo

Comentário: As pesquisas de opinião são ferramentas utilizadas para medir a opinião e as preferências de um determinado grupo de pessoas em relação a diferentes questões, políticas, produtos, candidatos, entre outros temas. Essas pesquisas fornecem dados quantitativos que ajudam a compreender as tendências e opiniões da sociedade.

90. (FCC - TRT - 15ª Região (SP) - Analista Judiciário – Administração)

A prestação de contas desempenha um papel crucial na preservação da integridade do sistema democrático, promovendo a transparência e a responsabilidade no uso dos recursos em atividades políticas e eleitorais. O que caracteriza a prestação de contas eleitoral e qual é a sua importância no processo eleitoral?

a) Análise das contas bancárias dos candidatos durante a campanha eleitoral.

b) Divulgação das despesas pessoais dos candidatos durante a campanha eleitoral.

c) Apresentação detalhada das receitas e despesas de campanha, sendo obrigatória para todos os candidatos e partidos, com o objetivo de garantir a transparência e a lisura do processo eleitoral.

d) Processo de arrecadação de fundos para campanhas eleitorais realizado pelos partidos políticos.

Resposta: c) Apresentação detalhada das receitas e despesas de campanha, sendo obrigatória para todos os candidatos e partidos, com o objetivo de garantir a transparência e a lisura do processo eleitoral.

Comentário: A prestação de contas é um processo pelo qual indivíduos, organizações ou entidades apresentam informações detalhadas sobre suas atividades financeiras e o uso dos recursos sob sua responsabilidade. No contexto político e eleitoral, a prestação de contas é especialmente relevante, sendo aplicada a partidos políticos, candidatos, comitês eleitorais e outras entidades envolvidas em campanhas.

91. (FCC - TRT - 15ª Região (SP) - Analista Judiciário – Administração)
Fundamental para a organização do sistema eleitoral, garantindo que os eleitores estejam adequadamente registrados e possam exercer seu direito de voto em locais específicos, o que caracteriza o domicílio eleitoral?
a) Local onde o eleitor está fisicamente presente no dia da votação.
b) Residência ou local de moradia permanente do eleitor, utilizado para fins de alistamento e exercício do voto.
c) Endereço de correspondência do eleitor cadastrado na Justiça Eleitoral.
d) Local onde o eleitor nasceu.

Resposta: b) Residência ou local de moradia permanente do eleitor, utilizado para fins de alistamento e exercício do voto.

Comentário: O domicílio eleitoral refere-se à localidade onde um cidadão está registrado para votar. Esse registro é um componente essencial do sistema eleitoral, pois determina a área geográfica na qual um eleitor é elegível para participar das eleições.

92. (FCC - TRT - 15ª Região (SP) - Analista Judiciário – Administração)

A inscrição eleitoral é o ato formal pelo qual um cidadão se registra como eleitor em uma determinada jurisdição. Isso geralmente é feito no cartório eleitoral responsável pela área onde o eleitor reside. O que é o título de eleitor e qual é a sua finalidade?

a) Documento obrigatório para todos os cidadãos, sendo utilizado como comprovante de nacionalidade.

b) Identificação oficial dos candidatos durante a campanha eleitoral.

c) Registro que comprova o pagamento das multas eleitorais.

d) Documento emitido pela Justiça Eleitoral que comprova a inscrição do cidadão no cadastro de eleitores, sendo necessário para o exercício do voto.

Resposta: d) Documento emitido pela Justiça Eleitoral que comprova a inscrição do cidadão no cadastro de eleitores, sendo necessário para o exercício do voto.

Comentário: O título de eleitor está associado ao registro do cidadão como eleitor. Esse registro é realizado por meio da inscrição eleitoral, que ocorre no cartório eleitoral responsável pela área de residência do cidadão.

93. (IESES - TRE-MA - Analista Judiciário - Análise de Sistemas)

A Certidão de Quitação Eleitoral é um documento que atesta a regularidade do eleitor perante a Justiça Eleitoral, indicando se há pendências que possam afetar o exercício do voto. O que é o voto facultativo e em quais situações os eleitores podem optar por não votar?

a) Modalidade de voto online disponível apenas para eleitores idosos.

b) Direito de votar concedido apenas aos membros de partidos políticos.

c) Possibilidade de escolha do eleitor em participar ou não das eleições, concedida a jovens entre 16 e 18 anos e a idosos com mais de 70 anos.

d) Exigência de voto para todos os cidadãos, independentemente das circunstâncias.

Resposta: c) Possibilidade de escolha do eleitor em participar ou não das eleições, concedida a jovens entre 16 e 18 anos e a idosos com mais de 70 anos.

Comentário: O voto facultativo refere-se à possibilidade de os cidadãos escolherem se desejam ou não participar do processo eleitoral, ou seja, se desejam exercer seu direito de voto. Em sistemas em que o voto é facultativo, os eleitores não são obrigados por lei a comparecerem às urnas.

94. (IESES - TRE-MA - Analista Judiciário - Análise de Sistemas)
O título de eleitor está associado ao registro do cidadão como eleitor. Esse registro é realizado por meio da inscrição eleitoral, que ocorre no cartório eleitoral responsável pela área de residência do cidadão. O que é a biometria no contexto eleitoral e qual é o seu objetivo?

a) Método de contagem de votos por meio de análise de impressões digitais dos candidatos.

b) Tecnologia que permite a transmissão online dos resultados das eleições.

c) Identificação biométrica do eleitor por meio de suas características físicas, como impressões digitais, visando garantir maior segurança e evitar fraudes no processo eleitoral.

d) Sistema de votação exclusivamente para pessoas com deficiência visual.

Resposta: c) Identificação biométrica do eleitor por meio de suas características físicas, como impressões digitais, visando garantir maior segurança e evitar fraudes no processo eleitoral.

Comentário: A biometria no contexto eleitoral refere-se à identificação biométrica do eleitor por meio de suas características físicas, como impressões digitais, visando garantir maior segurança e evitar fraudes no processo eleitoral. É uma ferramenta fundamental para o funcionamento do sistema eleitoral, garantindo um processo democrático por meio do voto.

Capítulo 4

CANDIDATURAS E ELEIÇÕES

Candidaturas e Eleições

95. (FCC - TRE-AM - Técnico Judiciário)

O que são as eleições proporcionais e como funciona o sistema de distribuição de cadeiras nesse tipo de pleito?

a) Eleições destinadas exclusivamente à escolha do Presidente da República, utilizando o sistema majoritário.

b) Pleitos nos quais são eleitos os representantes do Poder Legislativo, como deputados federais, estaduais e vereadores, utilizando o sistema proporcional.

c) Eleições realizadas para a escolha de prefeitos e governadores, utilizando o sistema distrital.

d) Processo de votação no qual cada eleitor pode dar mais de um voto ao mesmo candidato.

Resposta: b) Pleitos nos quais são eleitos os representantes do Poder Legislativo, como deputados federais, estaduais e vereadores, utilizando o sistema proporcional.

Comentário: As eleições proporcionais destinam-se à escolha de representantes do Poder Legislativo, como deputados federais, estaduais e vereadores, utilizando o sistema proporcional, no qual a distribuição de cadeiras leva em consideração a votação total recebida pelos partidos ou coligações.

96. (FCC - TRE-AM - Técnico Judiciário)

O que é o quociente eleitoral e qual é a sua função no sistema eleitoral proporcional?

a) Percentual mínimo de votos necessário para um candidato ser eleito.

b) Divisão do número total de votos válidos pelo número de cargos a serem preenchidos, determinando a quantidade mínima de votos que um partido ou coligação precisa obter para conquistar uma cadeira.

c) Cálculo que define a ordem dos candidatos na lista partidária.
d) Mecanismo para eliminar votos nulos e brancos.

Resposta: b) Divisão do número total de votos válidos pelo número de cargos a serem preenchidos, determinando a quantidade mínima de votos que um partido ou coligação precisa obter para conquistar uma cadeira.

Comentário: O quociente eleitoral é a divisão do número total de votos válidos pelo número de cargos a serem preenchidos, determinando a quantidade mínima de votos que um partido ou coligação precisa obter para conquistar uma cadeira no sistema eleitoral proporcional.

97. (FCC - TRE-AM - Técnico Judiciário)
Coligações partidárias referem-se à união temporária de dois ou mais partidos políticos para disputar eleições, com o objetivo de ampliar o apoio político e aumentar as chances de conquistar cargos eletivos. Qual é a sua importância nas eleições proporcionais?
a) Fusão de partidos que ocorre durante o período eleitoral.
b) Alianças temporárias entre diferentes partidos para concorrerem juntos em uma eleição, compartilhando votos e aumentando suas chances de alcançar o quociente eleitoral.
c) Substituição de candidatos durante a campanha eleitoral.
d) Restrição à participação de partidos minoritários em eleições proporcionais.

Resposta: b) Alianças temporárias entre diferentes partidos para concorrerem juntos em uma eleição, compartilhando votos e aumentando suas chances de alcançar o quociente eleitoral.

Comentário: As coligações partidárias são estratégias políticas adotadas em diversos sistemas eleitorais ao redor do mundo. A dinâmica das coligações varia conforme as características do sistema político e eleitoral de cada país, podem ocorrer em diversos níveis de eleições, como as municipais, estaduais e federais. Aqui estão alguns pontos importantes sobre coligações partidárias:

98. (FCC - TRE-AM - Técnico Judiciário)

A possibilidade de formação de coligações é regulamentada pela legislação eleitoral de cada país. Essas leis estabelecem as regras, prazos e condições para a formação de coligações. O que são os votos de legenda e como eles influenciam o resultado das eleições proporcionais?

a) Votos dados a candidatos sem partido específico, influenciando a escolha de representantes no Poder Executivo.

b) Votos dados diretamente ao partido, sem indicação específica de candidatos, que são contabilizados para a distribuição de cadeiras.

c) Votos dados a candidatos de diferentes partidos, que são somados para a escolha de candidatos independentemente de suas legendas.

d) Votos dados a candidatos de legendas menores, que recebem um peso maior na contagem.

Resposta Correta: b) Votos dados diretamente ao partido, sem indicação específica de candidatos, que são contabilizados para a distribuição de cadeiras.

Comentário: O voto de legenda é uma modalidade de voto em eleições proporcionais, onde os eleitores escolhem votar diretamente no partido político, sem indicar um candidato específico da legenda. Esse tipo de voto é utilizado em sistemas eleitorais que adotam o princípio da proporcionalidade, com o objetivo de distribuir as vagas legislativas de acordo com a votação obtida por cada partido.

99. (ND - TRE-ES - Técnico Judiciário - Área Administrativa)

Visa racionalizar o sistema partidário, contribuindo para a estabilidade e governabilidade política ao mesmo tempo em que fortalecer os partidos e coligações. O que é a cláusula de barreira e qual é o seu propósito nas eleições proporcionais?

a) Restrição à participação de candidatos com ficha suja.

b) Percentual mínimo de votos que um partido ou coligação deve obter para ter direito a representação no legislativo, visando reduzir a fragmentação partidária.

c) Limitação ao número de coligações que um partido pode formar em uma eleição.

d) Proibição de candidaturas de pessoas que já ocuparam cargos eletivos.

Resposta Correta: b) Percentual mínimo de votos que um partido ou coligação deve obter para ter direito a representação no legislativo, visando reduzir a fragmentação partidária.

Comentário: A cláusula de desempenho, também conhecida como cláusula de barreira, é uma disposição legal que estabelece critérios mínimos para que partidos políticos ou coligações possam ter acesso a benefícios como tempo de propaganda eleitoral gratuita, fundo partidário e tempo de TV. Essa cláusula visa evitar a fragmentação excessiva do sistema partidário, promovendo a representatividade de agremiações que efetivamente tenham respaldo popular.

100. (ND - TRE-ES - Técnico Judiciário - Área Administrativa)

O que são as sobras eleitorais e como elas são distribuídas nas eleições proporcionais?

a) Votos que não são contabilizados na apuração final.

b) Cadeiras não preenchidas pelo quociente eleitoral, que são distribuídas de acordo com o desempenho individual de candidatos.

c) Votos nulos e brancos.

d) Votos destinados a candidatos de partidos majoritários.

Resposta Correta: b) Cadeiras não preenchidas pelo quociente eleitoral, que são distribuídas de acordo com o desempenho individual de candidatos.

Comentário: As sobras eleitorais referem-se às cadeiras não preenchidas pelo quociente eleitoral, e são distribuídas de acordo com o desempenho individual de candidatos nas eleições proporcionais.

101. (ND - TRE-ES - Técnico Judiciário – Área Administrativa)
A janela partidária é uma medida que reflete as escolhas legislativas de cada país em relação à mobilidade partidária e à dinâmica política. Qual é o seu propósito?

a) Período durante o qual os partidos políticos podem realizar convenções internas.

b) Momento de abertura para novos partidos serem registrados.

c) Período em que os parlamentares podem mudar de partido sem o risco de perder seus mandatos, desde que observadas algumas condições.

d) Restrição à participação de partidos com baixo desempenho eleitoral.

Resposta: c) Período em que os parlamentares podem mudar de partido sem o risco de perder seus mandatos, desde que observadas algumas condições.

Comentário: A "janela partidária" refere-se a um período em que os políticos têm permissão legal para mudar de partido sem incorrer em penalidades relacionadas à perda de mandato eletivo. Essa janela é uma medida que permite a flexibilidade aos políticos para trocarem de filiação partidária em determinadas circunstâncias.

102. (CESPE - TRE-MT - Técnico Judiciário - Administrativa)

A reeleição refere-se à possibilidade de um ocupante de cargo eletivo ser candidato novamente para o mesmo cargo ao final de seu mandato, com o intuito de ser reeleito para um mandato subsequente. Sua permissão ou proibição da reeleição é frequentemente tratada em nível constitucional.

Certo

Errado

Gabarito: Certo

Comentário: A reeleição é a permissão para que um candidato exerça um segundo mandato consecutivo no mesmo cargo, com algumas restrições para cargos executivos, como a limitação para apenas uma recondução.

103. (CESPE - TRE-MT - Técnico Judiciário - Administrativa)

O segundo turno das eleições é a fase complementar das eleições presidenciais, realizada em alguns casos específicos. A fim de garantir o equilíbrio de poder, responsabilidade política e a vontade do eleitorado.

Certo

Errado

Gabarito: Errado

Comentário: O segundo turno das eleições é a segunda etapa de votação que ocorre quando nenhum candidato atinge a maioria absoluta dos votos válidos em cargos majoritários, como prefeito e governador.

104. (CESPE - TRE-MT - Técnico Judiciário - Administrativa)

O voto em branco é a ausência de marcação na cédula, sendo contabilizado como voto válido para o candidato mais votado. Quando um eleitor opta pelo voto em branco, ele está expressando a decisão de apoiar a legenda que mais lhe agrada.

Certo
Errado

Gabarito: Errado

Comentário: O voto em branco é a opção por não escolher nenhum candidato, sendo contabilizado como voto nulo. É importante destacar que o voto em branco é uma escolha válida dentro do sistema democrático, e os eleitores têm o direito de utilizá-lo como expressão de sua vontade. A interpretação desse tipo de voto pode variar, sendo considerada tanto uma manifestação de neutralidade quanto uma forma de sinalizar insatisfação com as opções disponíveis.

105. (CESPE - TRE-MT - Técnico Judiciário - Administrativa)

O voto em branco é registrado quando o eleitor deixa a cédula de votação sem marcar nenhum candidato, optando por não escolher nenhum dos concorrentes, enquanto que no voto nulo ocorre o eleitor realiza marcações indevidas na cédula, como rasuras ou escritas, tornando o voto inválido.

Certo
Errado

Gabarito: Certo

Comentário: Enquanto o voto nulo é resultado de uma marcação inadequada na cédula, o voto em branco ocorre quando o eleitor opta por não escolher nenhum candidato, deixando a cédula em branco.

106. (IESES - TRE-MA - Analista Judiciário - Análise de Sistemas)

No sistema Eleitoral Brasileiro, os cidadãos são legalmente obrigados a comparecer às urnas e votar. A não participação pode resultar em sanções, como multas ou outras penalidades. Quais são as consequências para o eleitor que não vota sem justificativa?

a) Obrigação do eleitor de votar, e a não justificativa implica em multa e impedimento de obter alguns documentos.

b) Direito do eleitor de escolher se quer votar ou não, sem qualquer consequência.

c) Obrigatoriedade do **voto, mas a não justificativa não gera penalidades.**

d) Obrigação do eleitor de votar, e a não justificativa implica em perda dos direitos políticos.

Resposta: a) Obrigação do eleitor de votar, e a não justificativa implica em multa e impedimento de obter alguns documentos.

Comentário: Em sistemas de voto obrigatório, os eleitores que não comparecem às urnas e não justificam sua ausência podem enfrentar penalidades, como multa e impedimento de obter alguns documentos, como passaporte e carteira de identidade.

Capítulo 5

AÇÕES ELEITORAIS

Ações Eleitorais

107. (FCC - TRT - 15ª Região (SP) - Analista Judiciário - Tecnologia)
Os tribunais eleitorais e outras instâncias judiciais são responsáveis por lidar com ações eleitorais e garantir a integridade do processo eleitoral no país. Qual o objetivo dessas ações no contexto político?
a) Campanhas promocionais de candidatos durante o período eleitoral.
b) Processos judiciais que buscam a anulação de eleições, a cassação de candidatos eleitos ou a aplicação de penalidades por irregularidades.
c) Estratégias de marketing utilizadas pelos partidos para conquistar mais votos.
d) Atividades de fiscalização realizadas pelos eleitores durante a votação.

Resposta: b) Processos judiciais que buscam a anulação de eleições, a cassação de candidatos eleitos ou a aplicação de penalidades por irregularidades.

Comentário: As "ações eleitorais" no contexto de processos judiciais referem-se a litígios ou contestações legais relacionados a questões eleitorais. Estes processos podem envolver diversos aspectos do processo eleitoral, desde a elegibilidade dos candidatos até a validade dos resultados.

108. (FCC - TRT - 15ª Região (SP) - Analista Judiciário - Tecnologia)
As ações judiciais buscam assegurar que as campanhas eleitorais sejam conduzidas de acordo com os princípios democráticos e a legislação vigente. Quais são as principais ações eleitorais relacionadas à propaganda política durante o período eleitoral?

a) Ações que visam proibir completamente a propaganda política em todas as mídias.

b) Processos que buscam a liberação irrestrita da propaganda política em qualquer formato.

c) Ações que questionam a legalidade de propagandas veiculadas por candidatos, partidos ou coligações, buscando a sua suspensão ou aplicação de penalidades.

d) Iniciativas que promovem a criação de novas regras para a propaganda política.

Resposta Correta: c) Ações que questionam a legalidade de propagandas veiculadas por candidatos, partidos ou coligações, buscando a sua suspensão ou aplicação de penalidades.

Comentário: Ações relacionadas à propaganda eleitoral referem-se a processos legais ou medidas judiciais relacionadas ao cumprimento ou violação das regras estabelecidas para a propaganda durante o período eleitoral. Essas ações visam garantir a equidade, transparência e conformidade com as normas eleitorais.

109.(FCC - TRT - 15ª Região (SP) - Analista Judiciário – Tecnologia)

Além de ações eleitorais civis, investigações criminais podem ser conduzidas para apurar crimes eleitorais, como falsificação de documentos, corrupção, coação de eleitores, entre outros. O que caracteriza a ação de impugnação de mandato eletivo?

a) Pedido para a realização de uma nova eleição em virtude de supostas irregularidades.

b) Questionamento judicial do mandato de um candidato eleito, alegando a prática de condutas vedadas ou irregularidades durante a campanha.

c) Solicitação de registro de candidatura junto à Justiça Eleitoral.

d) Pedido de anulação de votos dados a um candidato específico.

Resposta: b) Questionamento judicial do mandato de um candidato eleito, alegando a prática de condutas vedadas ou irregularidades durante a campanha.

Comentário: As impugnações de mandato eletivo são ações judiciais que questionam a legitimidade de um resultado eleitoral. Isso pode incluir argumentos relacionados a fraudes no processo, irregularidades durante a campanha, ou ainda outros requisitos estabelecidos pela legislação eleitoral.

110. (CESPE / CEBRASPE - TRE-GO - Analista Judiciário – Administrativa)
Uma investigação judicial refere-se ao processo de coleta de informações e evidências em um contexto legal por parte de autoridades judiciais para esclarecer fatos relacionados a um possível crime ou violação da lei. O que é a ação de investigação judicial eleitoral e qual é a sua finalidade?

a) Processo para investigar a vida pessoal dos candidatos durante a campanha.

b) Ação que visa impugnar a candidatura de qualquer concorrente.

c) Instrumento judicial utilizado para apurar a prática de condutas ilícitas durante a campanha eleitoral, como abuso de poder econômico ou político.

d) Pedido de revisão dos resultados eleitorais.

Resposta Correta: c) Instrumento judicial utilizado para apurar a prática de condutas ilícitas durante a campanha eleitoral, como abuso de poder econômico ou político.

Comentário: A ação de investigação judicial eleitoral refere-se ao processo de coleta de informações e evidências relacionadas a possíveis violações das leis eleitorais durante períodos eleitorais. Essas investigações são conduzidas para garantir a integridade do processo eleitoral, prevenir fraudes e assegurar que as eleições ocorram de acordo com os princípios democráticos.

111. (CESPE / CEBRASPE - TRE-GO - Analista Judiciário – Administrativa)
As investigações muitas vezes começam com denúncias ou reclamações de irregularidades, que podem vir de candidatos, partidos políticos, eleitores ou observadores independentes. Como se dá a ação de cassação de registro ou diploma e qual é o seu objetivo?
a) Processo para invalidar o registro de um partido político.
b) Ação judicial para cancelar o registro ou diploma de candidato eleito, em virtude de irregularidades graves, como abuso de poder ou prática de condutas vedadas.
c) Pedido para a realização de uma nova eleição em determinada circunscrição eleitoral.
d) Instrumento utilizado para contestar a validade dos votos nulos em uma eleição.

Resposta: b) Ação judicial para cancelar o registro ou diploma de candidato eleito, em virtude de irregularidades graves, como abuso de poder ou prática de condutas vedadas.

Comentário: A ação de cassação de registro ou diploma é uma ação judicial que visa cancelar o registro ou diploma de candidato eleito, em virtude de irregularidades graves, como abuso de poder ou prática de condutas vedadas durante a campanha eleitoral.

112. (CESPE / CEBRASPE - TRE-GO - Analista Judiciário – Administrativa)

Muitos sistemas eleitorais estabelecem limites de gastos para evitar a influência excessiva do dinheiro nas eleições. Os candidatos devem respeitar esses limites e informar sobre suas despesas de acordo, a prestação de contas eleitorais é uma parte essencial do processo democrático, visando garantir a integridade e a equidade nas eleições. O que caracteriza a ação de prestação de contas eleitorais?

a) Processo para questionar a legalidade das doações de campanha.

b) Ação que busca a cassação do registro de um partido político.

c) Instrumento utilizado para contestar a validade dos votos brancos em uma eleição.

d) Procedimento que tem por objetivo a análise e a aprovação das contas de campanha dos candidatos, partidos e coligações.

Resposta Correta: d) Procedimento que tem por objetivo a análise e a aprovação das contas de campanha dos candidatos, partidos e coligações.

Comentário: A ação de prestação de contas eleitorais é um procedimento que tem por objetivo a análise e a aprovação das contas de campanha dos candidatos, partidos e coligações, garantindo a transparência e legalidade no financiamento eleitoral.

113. (CESPE / CEBRASPE - TRE-GO - Analista Judiciário – Administrativa)

Com base nas conclusões da investigação, as autoridades podem tomar medidas legais, que podem incluir a impugnação de resultados, a anulação de votos, a desqualificação de candidatos ou até mesmo processos criminais contra aqueles que violaram as leis eleitorais, incluindo a inelegibilidade. Qual é a finalidade da ação de inelegibilidade?

a) Pedido para a realização de uma nova eleição devido a irregularidades no processo eleitoral.

b) Ação judicial que busca declarar a inelegibilidade de candidatos que pratiquem atos considerados ilícitos ou que estejam em situações específicas previstas em lei, visando preservar a moralidade e a legitimidade do processo eleitoral.

c) Instrumento para contestar a validade dos votos dados a um candidato específico.

d) Processo para invalidar a candidatura de pessoas com mais de 70 anos.

Resposta Correta: b) Ação judicial que busca declarar a inelegibilidade de candidatos que pratiquem atos considerados ilícitos ou que estejam em situações específicas previstas em lei, visando preservar a moralidade e a legitimidade do processo eleitoral.

Comentário: Com base nas conclusões de uma investigação, as autoridades podem tomar medidas legais, que podem incluir até a inelegibilidade, quando um candidato está impedido legalmente de disputar eleições. É o estado jurídico negativo de quem não possui o direito elegível, seja porque nunca a teve seja porque a perdeu.

114. (ND - TRE-ES - Técnico Judiciário – Área Administrativa)
As investigações eleitorais muitas vezes começam com denúncias ou reclamações de irregularidades, que podem vir de candidatos, partidos políticos, eleitores ou observadores independentes. Existe a ação de impugnação ao pedido de registro de candidatura, qual a sua finalidade?

a) Ação judicial para questionar a validade dos votos dados a um candidato.

b) Pedido para a realização de uma nova eleição devido a irregularidades no processo eleitoral.

c) Processo para invalidar o registro de um partido político.
d) Instrumento utilizado para contestar a elegibilidade de um candidato, alegando o não preenchimento dos requisitos legais.

Resposta Correta: d) Instrumento utilizado para contestar a elegibilidade de um candidato, alegando o não preenchimento dos requisitos legais.

Comentário: A ação de impugnação ao pedido de registro de candidatura é um instrumento utilizado para contestar a elegibilidade de um candidato, alegando o não preenchimento dos requisitos legais para concorrer a determinado cargo eletivo.

115. (ND - TRE-ES - Técnico Judiciário – Área Administrativa)
A investigação eleitoral pode incluir esforços para identificar e combater práticas corruptas, como compra de votos, uso indevido de recursos públicos, intimidação de eleitores, entre outras violações que também incluem condutas de candidatos. Em relação a ação de investigação de conduta vedada responda:
a) Processo para questionar a legalidade das doações de campanha.
b) Ação judicial que busca apurar a prática de condutas vedadas durante a campanha eleitoral, como o uso indevido de recursos públicos, visando assegurar a lisura do pleito.
c) Instrumento para contestar a validade dos votos dados a um candidato específico.
d) Procedimento que tem por objetivo analisar e aprovar as contas de campanha dos candidatos.

Resposta: b) Ação judicial que busca apurar a prática de condutas vedadas durante a campanha eleitoral, como o uso indevido de recursos públicos, visando assegurar a lisura do pleito.

Comentário: A ação de investigação de conduta vedada é uma ação judicial que busca apurar a prática de condutas vedadas durante a campanha eleitoral, como o uso indevido de recursos públicos, visando assegurar a lisura do pleito.

116. (ND - TRE-ES - Técnico Judiciário - Área Administrativa)
Quanto à ação de captação ilícita de sufrágio, responda:
a) Processo para invalidar o registro de um partido político.
b) Ação judicial que busca anular a eleição de um candidato devido a práticas de compra de votos, visando garantir a legitimidade do pleito.
c) Pedido para a realização de uma nova eleição devido a irregularidades no processo eleitoral.
d) Instrumento utilizado para contestar a elegibilidade de um candidato.

Resposta: b) Ação judicial que busca anular a eleição de um candidato devido a práticas de compra de votos, visando garantir a legitimidade do pleito.

Comentário: A ação de captação ilícita de sufrágio é uma ação judicial que busca anular a eleição de um candidato devido a práticas de compra de votos, visando garantir a legitimidade do pleito. É crucial que essas investigações sejam conduzidas de maneira imparcial e transparente para manter a confiança do público no sistema eleitoral e garantir a legitimidade dos resultados.

117. (ND - TRE-ES - Técnico Judiciário - Área Administrativa)
E relação a ação de abuso de poder analise as seguintes alternativas:
a) Instrumento para questionar a legalidade das doações de campanha.
b) Pedido para a realização de uma nova eleição devido a irregularidades no processo eleitoral.

c) Ação judicial que busca combater práticas que configurem abuso de poder, como o uso indevido dos meios de comunicação, visando garantir a igualdade entre os candidatos.

d) Procedimento para revisar os resultados eleitorais.

Resposta Correta: c) Ação judicial que busca combater práticas que configurem abuso de poder, como o uso indevido dos meios de comunicação, visando garantir a igualdade entre os candidatos.

Comentário: A ação de abuso de poder é uma ação judicial que busca combater práticas que configurem abuso de poder, como o uso indevido dos meios de comunicação, visando garantir a igualdade entre os candidatos no contexto eleitoral.

118. (ND - TRE-ES - Técnico Judiciário – Área Administrativa)
As investigações também podem se concentrar no monitoramento de propaganda eleitoral para garantir a imparcialidade e transparência, bem como manter a confiança do público no sistema eleitoral e garantir a legitimidade dos resultados .Considerando a afirmativa analise as assertivas:

a) Pedido para a realização de uma nova eleição devido a irregularidades no processo eleitoral.

b) Instrumento para questionar a legalidade das doações de campanha.

c) Ação judicial que busca coibir práticas de propaganda eleitoral que violem as regras estabelecidas pela legislação, visando garantir a lisura do pleito.

d) Processo para invalidar o registro de um partido político.

Resposta Correta: c) Ação judicial que busca coibir práticas de propaganda eleitoral que violem as regras estabelecidas pela legislação, visando garantir a lisura do pleito.

Comentário: A ação de propaganda eleitoral irregular é uma ação judicial que busca coibir práticas de propaganda eleitoral que violem as regras estabelecidas pela legislação, visando garantir a lisura do pleito.

119. (CESPE - TRE-MT - Técnico Judiciário – Administrativa)
A ação de prestação de contas eleitorais é um processo para análise e aprovação das contas de campanha dos candidatos, partidos e coligações, assegurando a transparência e legalidade no financiamento eleitoral.
Certo
Errado

Gabarito: Certo
Comentário: A prestação de contas eleitorais refere-se ao processo pelo qual candidatos, partidos políticos e comitês financeiros que participam de campanhas eleitorais fornecem informações detalhadas sobre os recursos financeiros arrecadados e gastos durante o período eleitoral. Essa prática é fundamental para promover a transparência, responsabilidade e legalidade no financiamento de campanhas políticas.

120. (CESPE - TRE-MT - Técnico Judiciário – Administrativa)
A ação de investidura é uma ação judicial para questionar a validade dos votos dados a um candidato, buscando eventualmente anular a investidura do mesmo no cargo pelo candidato, a fim de garantir a integridade do processo eleitoral.
Certo
Errado

Gabarito: Errado
Comentário: A ação de investidura é uma ação judicial para questionar a validade do registro de um candidato eleito, buscando eventualmente anular a investidura do mesmo no cargo.

121. (CESPE - TRE-MT - Técnico Judiciário - Administrativa)

O habeas corpus eleitoral é um Instrumento jurídico utilizado para questionar a validade dos votos dados a um candidato, visando garantir soberania popular através do sufrágio, bem como a transparência e a qualidade dos resultados.

Certo

Errado

Gabarito: Errado

Comentário: O habeas corpus eleitoral é uma ação judicial que visa assegurar a liberdade de locomoção do eleitor ou candidato que esteja sofrendo violência ou coação em razão de suas opiniões políticas durante o processo eleitoral.

122. (CESPE - TRE-MT - Técnico Judiciário - Administrativa)

O mandado de segurança eleitoral é uma ação judicial que visa assegurar direitos líquidos e certos quando não houver outra via legal para sua proteção durante o processo eleitoral.

Certo

Errado

Gabarito: Certo

Comentário: O mandado de segurança eleitoral é uma medida judicial utilizada para proteger direitos e interesses relacionados ao processo eleitoral. Ele visa garantir o respeito às normas e procedimentos estabelecidos pela legislação eleitoral, assegurando a regularidade e a lisura do pleito.

123. (CESPE - TRE-MT - Técnico Judiciário - Administrativa)

A ação de representação eleitoral é uma ação judicial que visa analisar a legalidade das doações de campanha de pessoas ou órgãos, promovendo transparência e permitindo que os eleitores saibam de onde vêm os recursos financeiros da campanha e como eles são gastos.

Certo

Errado

Gabarito: Errado

Comentário: A ação de representação eleitoral é uma ação judicial que busca apurar a prática de infrações eleitorais e aplicar penalidades previstas em lei, contribuindo para a lisura do processo eleitoral.

124. (FCC - TRT - 15ª Região (SP) - Analista Judiciário - História)

O habeas corpus coletivo eleitoral é uma ferramenta importante para assegurar que a liberdade de um grupo de pessoas não seja indevidamente restrita durante o processo eleitoral, contribuindo para a proteção dos direitos fundamentais no contexto eleitoral. Em relação a isso, analise as assertivas:

a) Pedido para a realização de uma nova eleição devido a irregularidades no processo eleitoral.

b) Ação judicial que busca assegurar a liberdade de locomoção de um grupo de eleitores ou candidatos que estejam sofrendo violência ou coação em razão de suas opiniões políticas.

c) Processo para analisar a legalidade das doações de campanha.

d) Instrumento para questionar a validade dos votos dados a um candidato.

Resposta: b) Ação judicial que busca assegurar a liberdade de locomoção de um grupo de eleitores ou candidatos que estejam sofrendo violência ou coação em razão de suas opiniões políticas.

Comentário: O habeas corpus coletivo eleitoral é uma ação judicial que visa proteger a liberdade de um grupo de pessoas em casos eleitorais específicos. Ele é uma modalidade de habeas corpus voltada para situações em que há uma ameaça ou violação generalizada do direito de liberdade de um grupo de pessoas em decorrência de um mesmo fato ou circunstância durante o processo eleitoral.

125. (FCC - TRT - 15ª Região (SP) - Analista Judiciário – História)
Em relação à Lei nº 12.034/2009 modificada para incluir regras específicas para o ambiente digital que regula a propaganda eleitoral na internet:
a) Não há regras específicas para a propaganda eleitoral na internet.
b) A propaganda eleitoral na internet é totalmente proibida.
c) A Lei das Eleições estabelece normas para a propaganda eleitoral na internet, permitindo o uso de redes sociais, blogs e sites do candidato, desde que não envolvam gastos.
d) A legislação proíbe o uso de redes sociais na propaganda eleitoral, permitindo apenas o uso de blogs e sites.
Resposta: c) A Lei das Eleições estabelece normas para a propaganda eleitoral na internet, permitindo o uso de redes sociais, blogs e sites do candidato, desde que não envolvam gastos.

Comentário: A Lei nº 12.034/2009 estabelece normas para a propaganda eleitoral na internet, como procedimentos e combate a *fake news*, permitindo o uso de redes sociais, blogs e sites do candidato, desde que não envolvam gastos financeiros.

126. (FCC - TRT - 15ª Região (SP) - Analista Judiciário – História)
Em relação ao limite de gastos estabelecido pela Lei das Eleições analise as assertivas:
a) Não há limite de gastos para campanhas presidenciais.
b) O limite de gastos é estabelecido livremente pelos candidatos, sem interferência legal.
c) O limite de gastos para campanhas presidenciais é estabelecido pelo Tribunal Superior Eleitoral (TSE) a cada eleição.
d) A Lei das Eleições estabelece um limite de gastos para campanhas presidenciais, sendo necessário seguir as determinações do Tribunal Superior Eleitoral.

Resposta: d) A Lei das Eleições estabelece um limite de gastos para campanhas presidenciais, sendo necessário seguir as determinações do Tribunal Superior Eleitoral.
Comentário: Os limites de gastos em campanhas eleitorais são estabelecidos pela Lei n° 9.504/1997 para evitar influências excessivas do dinheiro no processo democrático, garantir maior equidade entre os candidatos e promover uma competição mais justa. Esses limites podem variar significativamente entre candidaturas e podem ser estabelecidos de diferentes maneiras.

127. (FCC - TRT - 15ª Região (SP) - Analista Judiciário – História)
Em relação às penalidades previstas pela Lei das Eleições para o candidato que praticar abuso de poder econômico:
a) Multa pecuniária.
b) Cassação do registro ou di**ploma.**
c) Advertência verbal.
d) Suspensão dos direitos políticos por cinco anos.

Resposta: b) Cassação do registro ou diploma
Comentário: A prática de abuso de poder econômico, prevista na Lei n° 9.504/1997, pode resultar na cassação do registro ou diploma do candidato, entre outras penalidades.

128. (IBFC - TRE-PA - Analista Judiciário - Análise de Sistemas)

Qual é a quantidade máxima de material impresso de propaganda eleitoral que cada candidato pode distribuir durante a campanha, de acordo com a Lei das Eleições?

a) Não há limites estabelecidos pela lei.
b) Até 50 mil exemplares.
c) Até 100 mil exemplares.
d) Até 250 mil exemplares.

Resposta Correta: c) Até 100 mil exemplares.

Comentário: A Lei nº 9.504/1997 estabelece que cada candidato pode distribuir até 100 mil exemplares de material impresso de propaganda eleitoral durante a campanha.

129. (IBFC - TRE-PA - Analista Judiciário - Análise de Sistemas)

Segundo a Lei das Eleições, quais são as condições para que uma pessoa possa ser candidata a um cargo eletivo?

a) Ser maior de 21 anos, gozar de pleno exercício dos direitos políticos e ter filiação partidária pelo menos um ano antes da data da eleição.
b) Ser maior de 18 anos, gozar de pleno exercício dos direitos políticos e ter filiação partidária pelo menos seis meses antes da data da eleição.
c) Ser maior de 25 anos, gozar de pleno exercício dos direitos políticos e ter filiação partidária pelo menos dois anos antes da data da eleição.
d) Ser maior de 30 anos, gozar de pleno exercício dos direitos políticos e ter filiação partidária pelo menos três anos antes da data da eleição.

Resposta: b) Ser maior de 18 anos, gozar de pleno exercício dos direitos políticos e ter filiação partidária pelo menos seis meses antes da data da eleição.

Comentário: A Lei nº 9.504/1997 estabelece que as condições para uma pessoa ser candidata a um cargo eletivo incluem ser maior de 18 anos, gozar de pleno exercício dos direitos políticos e ter filiação partidária pelo menos seis meses antes da data da eleição.

130. (IBFC - TRE-PA - Analista Judiciário - Análise de Sistemas)
Qual é o prazo máximo para que a Justiça Eleitoral julgue os pedidos de registro de candidatura, de acordo com a Lei das Eleições?
a) Até 30 dias antes da data da eleição.
b) Até 15 dias antes da data da eleição.
c) Até 45 dias antes da data da eleição.
d) Até 60 dias antes da data da eleição.

Resposta: c) Até 45 dias antes da data da eleição.

Comentário: Conforme a Lei nº 9.504/1997, a Justiça Eleitoral deve julgar os pedidos de registro de candidatura até 45 dias antes da data da eleição.

131. (IBFC - TRE-PA - Analista Judiciário - Análise de Sistemas)
De acordo com a Lei das Eleições, qual é o prazo para a realização de convenções partidárias para escolha de candidatos e formação de coligações?
a) Até 90 dias antes da data da eleição.
b) Até 60 dias antes da data da eleição.
c) Até 30 dias antes da data da eleição.
d) Até 15 dias antes da data da eleição.

Resposta: a) Até 90 dias antes da data da eleição.

Comentário: A Lei nº 9.504/1997 estabelece que as convenções partidárias para escolha de candidatos e formação de coligações devem ser realizadas até 90 dias antes da data da eleição.

132. (IBFC - TRE-PA - Analista Judiciário - Análise de Sistemas)

Em relação às regras estabelecidas pela Lei das Eleições em relação à propaganda eleitoral em bens particulares, responda:

a) É proibida a veiculação de propaganda eleitoral em bens particulares.

b) É permitida a veiculação de propaganda eleitoral em bens particulares, desde que autorizada pelo proprietário, não excedendo 4m².

c) É permitida a veiculação de propaganda eleitoral em bens particulares, independentemente de autorização, não excedendo 4m².

d) É permitida a veiculação de propaganda eleitoral em bens particulares, desde que autorizada pelo proprietário, não excedendo 50m².

Resposta Correta: b) É permitida a veiculação de propaganda eleitoral em bens particulares, desde que autorizada pelo proprietário, não excedendo 4m².

Comentário: A Lei nº 9.504/1997 permite a veiculação de propaganda eleitoral em bens particulares, desde que autorizada pelo proprietário e não excedendo 4m².

Capítulo 6

LEI DAS ELEIÇÕES (LEI Nº 9.504/1997)

Lei das Eleições (Lei nº 9.504/1997)

133. (FCC - TRE-AP - Técnico Judiciário - Programação de Sistemas)
De acordo com a Lei das Eleições (Lei nº 9.504/1997), qual é a penalidade para o candidato que, durante a campanha, for beneficiado pela realização de propaganda irregular em bens particulares, como outdoors?
a) Advertência verbal
b) Multa de até R$ 10.000,00
c) Cassação do registro de candidatura
d) Suspensão temporária da campanha

Resposta: b, Multa de até R$ 10.000,00

Comentário: A realização de propaganda irregular em bens particulares, como outdoors, sujeita o responsável à multa, de acordo com a Lei nº 9.504/1997. Portanto, a resposta correta é a letra b.

134. (FCC - TRE-AP - Técnico Judiciário - Programação de Sistemas)
Nos termos da Lei das Eleições, qual é o prazo para a substituição de candidatos em caso de falecimento após o registro da candidatura?
a) Até 20 dias antes da eleição
b) Até 10 dias antes da eleição
c) Até 20 dias após o registro da candidatura
d) Não é permitida a substituição nesse caso

Resposta: a, Até 20 dias antes da eleição

Comentário: Em caso de falecimento do candidato após o registro da candidatura, a substituição pode ocorrer até 20 dias antes da eleição, conforme previsto na Lei nº 9.504/1997. Portanto, a resposta correta é a letra a.

135. (FCC - TRE-AP - Técnico Judiciário - Programação de Sistemas)
De acordo com a legislação eleitoral, é permitida a realização de doações para campanhas eleitorais por pessoas jurídicas?
a) Sim, sem restrições
b) Sim, desde que o valor não ultrapasse 2% do faturamento bruto do ano anterior
c) Não, é proibida a doação por pessoas jurídicas
d) Sim, apenas para partidos registrados há mais de 10 anos

Resposta: c, Não, é proibida a doação por pessoas jurídicas
Comentário: A Lei n° 9.504/1997 proíbe a realização de doações por pessoas jurídicas para campanhas eleitorais. Portanto, a resposta correta é a letra c.

136. (FCC - TRE-AP - Técnico Judiciário - Programação de Sistemas)
Segundo a Lei das Eleições, qual é o prazo para que os candidatos e partidos apresentem suas prestações de contas parciais durante a campanha?
a) Até 15 de setembro do ano eleitoral
b) Até 72 horas após o início da propaganda eleitoral
c) Até 48 horas antes do pleito
d) Não há exigência de prestações de contas parciais

Resposta: b, Até 72 horas após o início da propaganda eleitoral
Comentário: Os candidatos e partidos devem apresentar prestações de contas parciais até 72 horas após o início da propaganda eleitoral, conforme estabelecido pela Lei n° 9.504/1997. Portanto, a resposta correta é a letra b.

137. (FCC - TRE-AP - Técnico Judiciário - Programação de Sistemas)
De acordo com a Lei das Eleições, qual é a condição para que um partido político obtenha registro no Tribunal Superior Eleitoral (TSE)?

a) Obter, em eleições gerais, pelo menos 5% dos votos válidos
b) Ter representação no Congresso Nacional
c) Apresentar número mínimo de filiados equivalente a 0,5% dos votos dados na última eleição geral
d) Ter, no mínimo, 5 diretórios estaduais regularmente constituídos

Resposta: c, Apresentar número mínimo de filiados equivalente a 0,5% dos votos dados na última eleição geral.

Comentário: Para obter registro no TSE, um partido político deve apresentar, entre outras condições, o número mínimo de filiados equivalente a 0,5% dos votos dados na última eleição geral. Portanto, a resposta correta é a letra c.

138. (FCC - TRE-AP - Técnico Judiciário - Programação de Sistemas)
Segundo a Lei nº 9.504/1997, é permitida a veiculação de propaganda eleitoral na véspera da eleição?
a) Sim, sem restrições
b) Sim, desde que seja em emissoras de rádio e televisão
c) Não, é proibida a veiculação de propaganda na véspera da eleição
d) Sim, apenas em carros de som e minitrios

Resposta: c, Não, é proibida a veiculação de propaganda na véspera da eleição

Comentário: A Lei das Eleições proíbe a veiculação de propaganda eleitoral na véspera da eleição, seja em qual meio de comunicação for. Portanto, a resposta correta é a letra c.

139. (FCC - TRE-AP - Técnico Judiciário - administração)
De acordo com a legislação eleitoral, qual é a pena para quem promover, no dia da eleição, aglomeração de pessoas portando vestuário padronizado?
a) Advertência oral
b) Multa de R$ 5.000,00 a R$ 15.000,00
c) Prestação de serviços comunitários
d) Cassação do registro de candidatura

Resposta: b, Multa de R$ 5.000,00 a R$ 15.000,00

Comentário: Promover aglomeração de pessoas portando vestuário padronizado no dia da eleição sujeita o responsável à aplicação de multa, conforme estabelecido pela Lei nº 9.504/1997. Portanto, a resposta correta é a letra b.

140. (FCC - TRE-AP - Técnico Judiciário - administração)
Nos termos da Lei das Eleições, qual é o prazo para o eleitor requerer a segunda via do título de eleitor?
a) Até 5 dias antes da eleição
b) Até 10 dias antes da eleição
c) Até 60 dias antes da eleição
d) Não há prazo específico

Resposta: b, Até 10 dias antes da eleição

Comentário: O eleitor pode requerer a segunda via do título até 10 dias antes da eleição, conforme previsto na Lei nº 9.504/1997. Portanto, a resposta correta é a letra b.

141. (FCC - TRE-AP - Técnico Judiciário - administração)
A Lei nº 9.504/1997, conhecida como a Lei das Eleições, estabelece as normas para a realização de eleições no Brasil. De acordo com a legislação eleitoral, qual é o prazo para a realização de debates entre candidatos em rádio e televisão?

a) De 20 de julho a 5 de agosto do ano eleitoral
b) De 15 de agosto a 4 de outubro do ano eleitoral
c) De 17 de setembro a 30 de setembro do ano eleitoral
d) De 5 de julho a 5 de agosto do ano eleitoral

Resposta: b, De 15 de agosto a 4 de outubro do ano eleitoral

Comentário: Os debates entre candidatos em rádio e televisão são permitidos no período de 20 de agosto a 5 de outubro do ano eleitoral, conforme estipulado pela Lei n° 9.504/1997. Portanto, a resposta correta é a letra b.

142. (FCC - TRE-AP - Técnico Judiciário - administração)
Qual é a penalidade para o candidato que, durante a campanha eleitoral, divulgar fatos sabidamente inverídicos sobre seus concorrentes?
a) Advertência escrita
b) Multa de até R$ 50.000,00
c) Cassação do registro de candidatura
d) Suspensão temporária da campanha

Resposta: b, Multa de até R$ 50.000,00

Comentário: A divulgação de fatos sabidamente inverídicos sujeita o candidato à aplicação de multa, conforme a Lei n° 9.504/1997. Portanto, a resposta correta é a letra b.

143. (FCC - TRE-AP - Técnico Judiciário - administração)
Segundo a Lei n° 9.504/1997, é permitido o uso de alto-falantes e amplificadores de som durante a realização de carreatas?
a) Sim, sem restrições
b) Sim, desde que seja até 48 horas antes da eleição
c) Não, é proibido em qualquer momento da campanha
d) Sim, apenas se houver autorização prévia da Justiça Eleitoral

Resposta: d, Sim, apenas se houver autorização prévia da Justiça Eleitoral

Comentário: O uso de alto-falantes e amplificadores de som em carreatas é permitido, desde que observadas as restrições do período de campanha e as autorizações necessárias da Justiça Eleitoral. Portanto, a resposta correta é a letra d.

144. (FCC - TRE-AP - Técnico Judiciário - administração)
De acordo com a Lei das Eleições, qual é o prazo para que as emissoras de rádio e televisão divulguem a relação de todos os candidatos que participarão do pleito?
a) Até 30 dias antes da eleição
b) Até 15 dias antes da eleição
c) Até 60 dias antes da eleição
d) Até 48 horas após o encerramento das convenções partidárias

Resposta: d, Até 48 horas após o encerramento das convenções partidárias

Comentário: As emissoras de rádio e televisão devem divulgar a relação de todos os candidatos que participarão do pleito até 48 horas após o encerramento das convenções partidárias, conforme previsto na Lei n° 9.504/1997. Portanto, a resposta correta é a letra d.

145. (FCC - TRE-AC - Analista Judiciário - Direito)
Órgãos de fiscalização eleitoral geralmente monitoram o cumprimento das regras de propaganda no dia da eleição. Candidatos e partidos que desrespeitam essas regras podem enfrentar penalidades, como multas ou desaprovação das contas de campanha. Qual é a penalidade para o eleitor que for flagrado divulgando propaganda eleitoral no dia da eleição?

a) Advertência verbal
b) Multa de R$ 1.000,00 a R$ 15.000,00
c) Cassação do título de eleitor
d) Prestação de serviços comunitários

Resposta: b, Multa de R$ 1.000,00 a R$ 15.000,00

Comentário: O eleitor flagrado divulgando propaganda no dia da eleição está sujeito à aplicação de multa, de acordo com a Lei nº 9.504/1997. Portanto, a resposta correta é a letra b.

146. (FCC - TRE-AC - Analista Judiciário - Direito)
A compra de votos é uma prática ilegal e antiética que compromete a integridade do processo eleitoral e mina os princípios democráticos. Essa atividade envolve oferecer benefícios materiais, financeiros ou outros favores em troca do voto de um eleitor. Segundo a legislação eleitoral, qual é a penalidade para o candidato que for condenado por compra de votos?
a) Advertência pública
b) Multa de R$ 10.000,00
c) Inelegibilidade por 8 anos
d) Suspensão temporária da campanha

Resposta: c, Inelegibilidade por 8 anos

Comentário: A condenação por compra de votos sujeita o candidato à inelegibilidade por 8 anos, de acordo com a Lei nº 9.504/1997. Portanto, a resposta correta é a letra c.

147. (FCC - TRE-AC - Analista Judiciário - Direito)
Nos termos da Lei das Eleições, qual é o prazo máximo para a realização de comícios durante a campanha eleitoral?
a) Até 30 dias antes da eleição
b) Até 10 dias antes da eleição
c) Até 48 horas antes da eleição
d) Até a antevéspera da eleição

Resposta: d, Até a antevéspera da eleição

Comentário: Os comícios podem ser realizados até a antevéspera da eleição, conforme estabelecido pela Lei n° 9.504/1997. Portanto, a resposta correta é a letra d.

148. (FCC - TRE-AC - Analista Judiciário - Direito)
De acordo com a Lei das Eleições, qual é o limite de gastos para a campanha de candidatos a prefeito em municípios com até 10 mil eleitores?
a) Até 10% do limite estabelecido para o cargo de governador do estado
b) Até 20% do limite estabelecido para o cargo de governador do estado
c) Até 30% do limite estabelecido para o cargo de governador do estado
d) Até 50% do limite estabelecido para o cargo de governador do estado

Resposta: c, Até 30% do limite estabelecido para o cargo de governador do estado

Comentário: Em municípios com até 10 mil eleitores, o limite de gastos para a campanha de candidatos a prefeito é de até 30% do limite estabelecido para o cargo de governador do estado, conforme a Lei n° 9.504/1997. Portanto, a resposta correta é a letra c.

149. (ND - TRE-ES - Técnico Judiciário - Área Administrativa)
A transparência é um componente fundamental. Os candidatos são geralmente obrigados a prestar contas de seus gastos, tornando essas informações disponíveis ao público. Isso promove a responsabilidade e a confiança no processo eleitoral. Nos termos da Lei das Eleições, qual é o prazo para que os candidatos e partidos apresentem suas prestações de contas finais após a eleição?

a) Até 10 dias após a eleição
b) Até 30 dias após a eleição
c) Até 45 dias após a eleição
d) Até 60 dias após a eleição

Resposta: b, Até 30 dias após a eleição
Comentário: Os candidatos e partidos devem apresentar suas prestações de contas finais até 30 dias após a eleição, conforme previsto na Lei n° 9.504/1997. Portanto, a resposta correta é a letra b.

150. (ND - TRE-ES - Técnico Judiciário – Área Administrativa)
Em muitos países, a legislação proíbe a veiculação de qualquer forma de propaganda eleitoral no dia da eleição. Isso inclui anúncios em meios de comunicação, distribuição de panfletos, comícios, carreatas, entre outras formas de publicidade. De acordo com a legislação eleitoral brasileira, qual é a punição para o eleitor que for flagrado praticando boca de urna?
a) Advertência oral
b) Multa de R$ 5.000,00 a R$ 15.000,00
c) Cassação do título de eleitor
d) Prestação de serviços comunitários

Resposta: b, Multa de R$ 5.000,00 a R$ 15.000,00
Comentário: A prática de boca de urna sujeita o eleitor à aplicação de multa, conforme a Lei n° 9.504/1997. Por isso é fundamental verificar a legislação eleitoral específica para obter informações precisas e atualizadas sobre as regras de propaganda no dia da eleição.

151. (ND - TRE-ES - Técnico Judiciário – Área Administrativa)
Segundo a Lei das Eleições, qual é o prazo para o candidato que não disputou o segundo turno transferir os recursos arrecadados durante a campanha para seu partido?

a) Até 30 dias após a eleição
b) Até 10 dias após a eleição
c) Até 20 dias após a eleição
d) Até 48 horas após a eleição

Resposta: a, Até 30 dias após a eleição

Comentário: O candidato que não disputou o segundo turno deve transferir os recursos arrecadados para seu partido até 30 dias após a eleição, de acordo com a Lei nº 9.504/1997. Portanto, a resposta correta é a letra a.

152. (ND - TRE-ES - Técnico Judiciário – Área Administrativa)
Para solicitar a 2ª via do título de eleitor, geralmente é necessário apresentar um documento oficial com foto, como RG ou CNH. Qual é o prazo para que o eleitor solicite a segunda via do título eleitoral, caso o tenha perdido?
a) Até 5 dias antes da eleição
b) Até 10 dias antes da eleição
c) Até 60 dias antes da eleição
d) Até 2 dias antes da eleição

Resposta: c, Até 60 dias antes da eleição

Comentário: O eleitor pode solicitar a segunda via do título até 60 dias antes da eleição, de acordo com a Lei nº 9.504/1997. Portanto, a resposta correta é a letra c.

153. (ND - TRE-ES - Técnico Judiciário – Área Administrativa)
O domicílio eleitoral é um conceito essencial para garantir a representação democrática e a participação dos cidadãos nas eleições. Manter as informações eleitorais atualizadas é importante para que o eleitor possa exercer seu direito de voto de maneira eficaz. Nos termos da Lei das Eleições, qual é o prazo para que o eleitor que mudou de domicílio eleitoral realize a transferência de seu título para o novo local de votação?

a) Até 30 dias antes da eleição
b) Até 60 dias antes da eleição
c) Até 120 dias antes da eleição
d) Não há prazo definido

Resposta: a, Até 30 dias antes da eleição

Comentário: Caso haja mudança de endereço, o eleitor deve atualizar seu domicílio eleitoral no prazo de até 30 dias antes da eleição. Essa atualização pode ser feita no cartório eleitoral ou, em alguns casos, online por meio do site do Tribunal Regional Eleitoral (TRE).

154. (ND - TRE-ES - Técnico Judiciário – Área Administrativa)
Em muitos países, a legislação permite a veiculação de propaganda eleitoral em locais diversos. Isso inclui anúncios em meios de comunicação, comícios, entre outras formas de publicidade. De acordo com a legislação eleitoral, é permitida a realização de propaganda eleitoral em bens particulares, como residências?
a) Sim, sem restrições
b) Sim, desde que não exceda 4 metros quadrados
c) Não, é proibida a propaganda em bens particulares
d) Sim, apenas se o proprietário do bem autorizar expressamente

Resposta: b, Sim, desde que não exceda 4 metros quadrados

Comentário: A propaganda em bens particulares, como residências, é permitida desde que não exceda 4 metros quadrados e seja devidamente autorizada pelo proprietário, conforme a Lei n° 9.504/1997. Portanto, a resposta correta é a letra b.

155. (ND - TRE-ES - Técnico Judiciário - Área Administrativa)
A prestação de contas de campanha é uma parte fundamental do processo democrático, visando garantir a integridade e a equidade nas eleições. Qual é o prazo máximo para que o candidato apresente suas contas de campanha à Justiça Eleitoral, após as eleições?
a) Até 15 dias após a eleição
b) Até 30 dias após a eleição
c) Até 45 dias após a eleição
d) Até 60 dias após a eleição

Resposta: b, Até 30 dias após a eleição

Comentário: A prestação de contas deve incluir todas as receitas arrecadadas e despesas realizadas durante a campanha. Isso abrange doações de pessoas físicas e jurídicas, recursos próprios, financiamento coletivo (*crowdfunding*), gastos com publicidade, transporte, eventos, entre outros. Toda essa documentação deve ser apresentada à Justiça Eleitoral até 30 dias após a eleição, de acordo com a Lei nº 9.504/1997.

156. (CONSULPLAN – TER/MG – Técnico Judiciário)
Nos termos da Lei das Eleições, qual é a penalidade para o candidato que, durante a campanha, for condenado por prática de racismo?
a) Advertência escrita
b) Multa de R$ 5.000,00
c) Cassação do registro de candidatura
d) Suspensão temporária da campanha

Resposta: c, Cassação do registro de candidatura

Comentário: Órgãos de fiscalização eleitoral geralmente monitoram o cumprimento das regras durante a eleição. Candidatos e partidos que desrespeitam essas regras podem enfrentar penalidades, como multas ou desaprovação das contas de campanha. No caso da condenação por prática de racismo o candidato estará sujeito à cassação do registro de candidatura, de acordo com a Lei nº 9.504/1997.

157. (CONSULPLAN – TER/MG – Técnico Judiciário)
De acordo com a legislação eleitoral, qual é o prazo para a realização de pesquisa de intenção de voto que será divulgada publicamente?
a) Até 60 dias antes da eleição
b) Até 15 dias antes da eleição
c) Até 5 dias antes da eleição
d) Não há prazo definido

Resposta: c, Até 5 dias antes da eleição

Comentário: A pesquisa de intenção de voto que será divulgada publicamente deve ser registrada junto à Justiça Eleitoral com antecedência mínima de 5 dias antes de sua divulgação, conforme a Lei nº 9.504/1997. Portanto, a resposta correta é a letra c.

158. (CONSULPLAN – TER/MG – Técnico Judiciário)
As regras sobre propaganda eleitoral após o dia da eleição podem variar de acordo com a legislação eleitoral de cada país. Segundo a legislação brasileira, qual é o prazo para a retirada de propaganda eleitoral fixa, como cartazes e outdoors, após as eleições?
a) Até 5 dias após a eleição
b) Até 10 dias após a eleição
c) Até 15 dias após a eleição
d) Até 20 dias após a eleição

Resposta: c, Até 15 dias após a eleição

Comentário: A retirada de propaganda eleitoral fixa, como cartazes e outdoors, deve ocorrer até 15 dias após a eleição, conforme estabelecido pela Lei nº 9.504/1997. Portanto, a resposta correta é a letra c.

159. (CONSULPLAN – TER/MG – Técnico Judiciário)

Nos termos da Lei das Eleições, qual é o prazo para que o eleitor requeira a segunda via do título em caso de perda ou extravio?
a) Até 5 dias antes da eleição
b) Até 10 dias antes da eleição
c) Até 30 dias antes da eleição
d) Até 60 dias antes da eleição

Resposta: d, Até 60 dias antes da eleição

Comentário: O Título de eleitor é um documento essencial para garantir a representação democrática e a participação dos cidadãos nas eleições. O eleitor pode requerer a segunda via do título até 60 dias antes da eleição, conforme a Lei nº 9.504/1997.

160. (CONSULPLAN – TER/MG – Técnico Judiciário)

A representatividade é essencial em todas as esferas da sociedade, em se tratando de legislação eleitoral, qual é a penalidade para o partido político que descumprir a cota mínima de gênero nas candidaturas?
a) Advertência escrita
b) Multa de R$ 10.000,00
c) Cassação do registro do partido
d) Suspensão temporária das atividades partidárias

Resposta: b, Multa de R$ 10.000,00
Comentário: O descumprimento da cota mínima de gênero nas candidaturas sujeita o partido político à aplicação de multa, conforme a Lei nº 9.504/1997. Portanto, a resposta correta é a letra b.

161. CONSULPLAN – TER/MG – Técnico Judiciário)
O domicílio eleitoral é um conceito essencial para garantir a representação democrática e a participação dos cidadãos nas eleições. Manter as informações eleitorais atualizadas é importante para que o eleitor possa exercer seu direito de voto de maneira eficaz. Nos termos da Lei das Eleições, qual é o prazo para que o eleitor que mudou de residência dentro do mesmo município comunique à Justiça Eleitoral?
a) Até 5 dias antes da eleição
b) Até 10 dias antes da eleição
c) Até 30 dias antes da eleição
d) Até 60 dias antes da eleição

Resposta: c, Até 30 dias antes da eleição

Comentário: O eleitor que mudou de residência dentro do mesmo município deve comunicar à Justiça Eleitoral até 30 dias antes da eleição, conforme a Lei nº 9.504/1997. Portanto, a resposta correta é a letra c.

162. (CONSULPLAN – TER/MG – Técnico Judiciário)
De acordo com a Lei das Eleições, qual é a penalidade para o candidato que, durante a campanha, utilizar servidor público, custeado pelo governo, em atividades eleitorais?
a) Advertência oral
b) Multa de R$ 2.000,00
c) Cassação do registro de candidatura
d) Inelegibilidade por 4 anos

Resposta: c, Cassação do registro de candidatura

Comentário: O uso de servidor público custeado pelo governo em atividades eleitorais sujeita o candidato à cassação do registro de candidatura, conforme a Lei nº 9.504/1997. Portanto, a resposta correta é a letra c.

163. (CONSULPLAN – TER/MG – Técnico Judiciário)

A Lei nº 9.504/1997, conhecida como a Lei das Eleições, estabelece as normas para a realização de eleições no Brasil. No que diz respeito à propaganda eleitoral na internet, essa lei foi modificada pela Lei nº 12.034/2009, nesse caso é permitida a realização de propaganda eleitoral na internet?

a) Sim, sem restrições
b) Sim, desde que não seja paga
c) Não, é proibida a propaganda eleitoral na internet
d) Sim, apenas em blogs e redes sociais

Resposta: b) Sim, desde que não seja paga

Gabarito: A propaganda eleitoral na internet é permitida, mas com algumas restrições. Ela pode ser realizada em sites do candidato, em blogs, redes sociais e aplicativos de mensagens, desde que não seja paga. Portanto, a resposta correta é a letra b.

164. (CIEE - TRE-DF - Estagiário - Nível Médio)

De acordo com a legislação eleitoral, é permitido o uso de alto-falantes e amplificadores de som em carros de som durante a campanha?

a) Sim, sem restrições
b) Sim, desde que seja até 48 horas antes da eleição
c) Não, é proibido em qualquer momento da campanha
d) Sim, apenas se houver autorização prévia da Justiça Eleitoral

Resposta: b, Sim, desde que seja até 48 horas antes da eleição

Comentário: O uso de alto-falantes e amplificadores de som em carros de som é permitido, desde que seja até 48 horas antes da eleição e tenha autorização prévia da Justiça Eleitoral. Portanto, a resposta correta é a letra b.

165. (CIEE - TRE-DF - Estagiário - Nível Médio)
Qual é a penalidade para o partido que não aplicar no mínimo 5% do Fundo Partidário na criação e manutenção de programas de promoção e difusão da participação política das mulheres?
a) Advertência oral
b) Multa de até R$ 10.000,00
c) Suspensão temporária das atividades partidárias
d) Cassação do registro do partido

Resposta: d, Cassação do registro do partido

Comentário: A não aplicação mínima de 5% do Fundo Partidário na promoção e difusão da participação política das mulheres sujeita o partido à penalidade de cassação do registro do partido, conforme a Lei nº 9.504/1997. Portanto, a resposta correta é a letra d.

166. (CIEE - TRE-DF - Estagiário - Nível Médio)
De acordo com a Lei das Eleições, é permitido o uso de símbolos que caracterizem propaganda eleitoral nas vestimentas dos mesários e escrutinadores no dia da eleição?
a) Sim, sem restrições
b) Sim, desde que seja discreto e não configure manifestação política
c) Não, é proibido o uso de qualquer símbolo nas vestimentas dos mesários e escrutinadores
d) Sim, apenas se o TRE autorizar previamente

Resposta: c) Não, é proibido o uso de qualquer símbolo nas vestimentas dos mesários e escrutinadores.

Comentário: É proibido o uso de qualquer símbolo que caracterize propaganda eleitoral nas vestimentas dos mesários e escrutinadores no dia da eleição, de acordo com a Lei nº 9.504/1997. Portanto, a resposta correta é a letra c.

167. (CIEE - TRE-DF - Estagiário - Nível Médio)
No Sistema Eleitoral Brasileiro é assegurado o direito à liberdade e à participação em processos eleitorais justos e equitativos, no entanto atos que representem ameaças são passíveis de penalidades, diante da lei. Qual é a penalidade para o eleitor que, de forma ostensiva, desrespeitar os mesários no dia da eleição?
a) Advertência oral
b) Multa de R$ 1.000,00 a R$ 5.000,00
c) Cassação do título de eleitor
d) Prestação de serviços comunitários

Resposta: b, Multa de R$ 1.000,00 a R$ 5.000,00

Comentário: O eleitor que, de forma ostensiva, desrespeitar os mesários no dia da eleição está sujeito à aplicação de multa, conforme a Lei n° 9.504/1997. Portanto, a resposta correta é a letra b.

168. (CIEE - TRE-DF - Estagiário - Nível Médio)
De acordo com a legislação eleitoral, é permitida a veiculação de propaganda eleitoral na véspera do pleito em jornais impressos?
a) Sim, sem restrições
b) Sim, desde que seja em formato de anúncio pago
c) Não, é proibida a veiculação na véspera do pleito
d) Sim, apenas em edições especiais de jornais

Resposta: a) Sim, sem restrições

Comentário: A propaganda eleitoral em jornais impressos é permitida até a véspera do pleito, inclusive em edições regulares, conforme a Lei n° 9.504/1997. Geralmente, os candidatos e partidos não são proibidos de utilizar materiais de campanha na véspera da votação. No entanto, no dia da eleição a exibição ostensiva desses materiais nas proximidades dos locais de votação pode ser restrita.

169. (CIEE - TRE-DF - Estagiário - Nível Médio)
As regras sobre propaganda eleitoral no dia da eleição podem variar de acordo com a legislação eleitoral de cada país. Qual é a penalidade na legislação brasileira para o candidato que realizar propaganda eleitoral no dia da eleição?
a) Advertência escrita
b) Multa de R$ 5.000,00 a R$ 15.000,00
c) Cassação do registro de candidatura
d) Inelegibilidade por 8 anos

Resposta: b, Multa de R$ 5.000,00 a R$ 15.000,00
Comentário: A realização de propaganda eleitoral no dia da eleição sujeita o candidato à aplicação de multa, conforme a Lei nº 9.504/1997. Portanto, a resposta correta é a letra b.

170. (CIEE - TRE-DF - Estagiário - Nível Médio)
Em muitos países a pesquisa de intenção de votos se torna uma ferramenta utilizada para medir o apoio popular a candidatos, partidos ou questões específicas antes de uma eleição. De acordo com a Lei das Eleições, é permitida a realização de pesquisa de intenção de voto no dia da eleição?
a) Sim, sem restrições
b) Sim, desde que seja divulgada após o encerramento da votação
c) Não, é proibida a realização de pesquisa no dia da eleição
d) Sim, apenas se for encomendada por órgão de comunicação

Resposta: c, Não, é proibida a realização de pesquisa no dia da eleição
Comentário: Desde que sejam conduzidas por institutos especializados em pesquisa de opinião e busquem capturar o sentimento do eleitorado sem manipulações de dados, a realização de pesquisa de intenção de voto é permitida antes do dia do pleito, No entanto, no dia da eleição é proibida, conforme a Lei nº 9.504/1997

171. (CIEE - TRE-DF - Estagiário - Nível Médio)

Segundo a Lei das Eleições, qual é o prazo para que os partidos políticos e as coligações apresentem o requerimento de registro de seus candidatos?

a) Até 60 dias antes da eleição
b) Até 45 dias antes da eleição
c) Até 30 dias antes da eleição
d) Até 15 dias antes da eleição

Resposta: b, Até 45 dias antes da eleição

Comentário: O requerimento de registro de candidatos pelos partidos políticos e coligações deve ser feito até 45 dias antes da eleição, conforme a Lei n° 9.504/1997. Portanto, a resposta correta é a letra b.

172. (CESPE / CEBRASPE - TRE-MG - Técnico Judiciário)

A violência física na campanha eleitoral é uma séria preocupação, pois representa uma ameaça à integridade do processo democrático e à segurança dos candidatos, apoiadores e eleitores. Infelizmente, em alguns contextos, observam-se incidentes de violência física durante o período eleitoral. Qual é a penalidade para o candidato que, durante a campanha, praticar violência física contra adversários?

a) Advertência escrita
b) Multa de R$ 10.000,00
c) Cassação do registro de candidatura
d) Suspensão temporária da campanha

Resposta: c, Cassação do registro de candidatura

Comentário: É fundamental que incidentes de violência sejam prontamente denunciados e investigados. As instituições responsáveis pela aplicação da lei devem agir para responsabilizar os perpetradores e garantir que a lei seja cumprida, assim o candidato fica sujeito à cassação do registro de sua candidatura.

Capítulo 7

CONDUTAS VEDADAS

Condutas Vedadas

173. (CESPE / CEBRASPE - TRE-MG - Técnico Judiciário)
O uso de dinheiro para comprar votos é apenas uma das diversas práticas ilegais que abuso de poder econômico. Segundo a legislação eleitoral, o que caracteriza o abuso de poder econômico nas eleições?
a) Uso indevido dos meios de comunicação
b) Oferecimento de vantagens indevidas aos eleitores
c) Utilização de recursos financeiros de forma ilícita
d) Promoção de atos de violência física contra adversários

Resposta: c, Utilização de recursos financeiros de forma ilícita
Comentário: O abuso de poder econômico nas eleições refere-se a práticas que envolvem o uso indevido de recursos financeiros para influenciar o processo eleitoral de maneira desleal. Isso pode distorcer a igualdade entre os candidatos, prejudicar a integridade do processo democrático e desfavorecer candidatos ou partidos com recursos financeiros limitados.

174. (ND - TRE-ES - Técnico Judiciário - Área Administrativa)
Nos termos da legislação eleitoral, o que configura o abuso de poder político?
a) Uso indevido dos meios de comunicação
b) Oferecimento de vantagens indevidas aos eleitores
c) Utilização de recursos financeiros de forma ilícita
d) Promoção de atos de violência física contra adversários

Resposta: a, Uso indevido dos meios de comunicação
Comentário: O abuso de poder político ocorre quando há o uso indevido dos meios de comunicação e a prática de atos que comprometam a lisura do pleito. Portanto, a resposta correta é a letra a.

175. (ND - TRE-ES - Técnico Judiciário - Área Administrativa)
Quando um candidato ou partido ultrapassa os limites legais estabelecidos para gastos de campanha, isso pode ser considerado abuso de poder econômico. Gastos excessivos podem criar uma vantagem desproporcional em termos de visibilidade e alcance. Qual é a penalidade para o candidato que for condenado por abuso de poder econômico ou político?
a) Advertência escrita
b) Multa de até R$ 50.000,00
c) Cassação do registro de candidatura
d) Suspensão temporária da campanha

Resposta: c) Cassação do registro de candidatura
Comentário: A legislação eleitoral de cada país estabelece regras específicas para combater o abuso de poder econômico, e as violações podem resultar em penalidades, como multas, cassação de registros e inelegibilidade. No Brasil a condenação por abuso de poder econômico ou político sujeita o candidato à cassação do registro de candidatura, conforme a Lei nº 9.504/1997. Portanto, a resposta correta é a letra c.

176. (CESPE - TRE-BA - Analista Judiciário – Odontologia)
De acordo com a legislação eleitoral captação ilícita de sufrágio ocorre quando há o oferecimento de vantagens indevidas aos eleitores em troca de votos, favorecendo o candidato de forma indevida.
Certo
Errado
Gabarito: Certo
Comentário: A captação ilícita de sufrágio, popularmente conhecida como "compra de votos", refere-se à prática de oferecer vantagens materiais, financeiras, empregos ou outros benefícios em troca do voto de um eleitor. Essa conduta é ilegal e atenta contra a integridade do processo eleitoral, uma vez que viola princípios fundamentais da democracia, como a liberdade e a autonomia do voto.

177. (CESPE - TRE-BA - Analista Judiciário – Direito)
Conforme a Lei nº 9.504/1997, a condenação por captação ilícita de sufrágio sujeita o candidato a multa de até R$ 50.000,00, pois tal conduta mina a legitimidade das eleições, pois distorce a vontade dos eleitores e cria um ambiente em que a escolha dos representantes não é feita de maneira livre e justa.
Certo
Errado

Gabarito: Errado

Comentário: A compra de votos pode ocorrer de várias maneiras, incluindo a distribuição de dinheiro, bens materiais, empregos, favores ou outros benefícios diretos em troca do voto do eleitor. A condenação por essa prática sujeita o candidato à cassação do registro de candidatura, conforme a Lei nº 9.504/1997.

178. (CESPE - TRE-BA - Analista Judiciário – Direito)
A utilização indevida dos meios de comunicação ocorre quando há a publicação de pesquisas de intenção de voto não registradas, caracterizando propaganda irregular. Essa prática é caracterizada como abuso de poder na forma de utilização indevida dos meios de comunicação.
Certo
Errado

Gabarito: Certo

Comentário: A utilização indevida dos meios de comunicação no processo eleitoral refere-se a práticas que violam a equidade, imparcialidade e transparência durante as campanhas eleitorais. A manipulação indevida dos meios de comunicação pode distorcer a informação, favorecer alguns candidatos em detrimento de outros e influenciar negativamente a opinião pública.

179. (FCC - TRT - 15ª Região (SP) - Analista Judiciário – Programação)
A cobertura jornalística que favorece um candidato ou partido em detrimento de outros pode distorcer a percepção pública e prejudicar a equidade no processo eleitoral. Isso pode ocorrer tanto em veículos de comunicação tradicionais quanto em plataformas online. Nos termos da legislação eleitoral, qual é a penalidade para quem pratica a utilização indevida dos meios de comunicação?
a) Advertência escrita
b) Multa de até R$ 50.000,00
c) Cassação do registro de candidatura
d) Suspensão temporária da campanha

Resposta: b, Multa de até R$ 50.000,00
Comentário: A utilização indevida dos meios de comunicação no processo eleitoral refere-se a práticas que violam a equidade, imparcialidade e transparência durante as campanhas eleitorais. A manipulação indevida dos meios de comunicação pode distorcer a informação, favorecer alguns candidatos em detrimento de outros e influenciar negativamente a opinião pública. Essa prática da sujeita o responsável à aplicação de multa, conforme a Lei nº 9.504/1997.

180. (CESPE - TRE-BA - Analista Judiciário – Direito)
De acordo com a Lei das Eleições, a conduta de corrupção eleitoral ocorre quando há o uso de símbolos que caracterizem propaganda eleitoral nas vestimentas dos mesários, resultando imposição sugestional, implicando incerteza no resultado do pleito.
Certo
Errado

Gabarito: Errado
Comentário: A conduta de corrupção eleitoral ocorre quando há o oferecimento de vantagens indevidas aos eleitores em troca de votos.

181. (FCC - TRT - 15ª Região (SP) - Analista Judiciário - Programação)

A corrupção eleitoral refere-se à prática de oferecer vantagens materiais, financeiras, empregos ou outros benefícios em troca do voto de um eleitor. Nos termos da legislação eleitoral, qual é a penalidade para quem pratica corrupção eleitoral?

a) Advertência escrita
b) Multa de até R$ 50.000,00
c) Cassação do registro de candidatura
d) Suspensão temporária da campanha

Resposta: b, Multa de até R$ 50.000,00

Comentário: A corrupção eleitoral refere-se a práticas ilegais e antiéticas que buscam influenciar ou distorcer o processo eleitoral. Essas práticas envolvem o uso indevido de recursos, suborno, fraude, compra de votos e outras atividades ilícitas com o objetivo de obter vantagens indevidas em eleições. Conforme a Lei nº 9.504/1997essa prática sujeita o responsável à aplicação de multa.

182. (FCC - TRT - 15ª Região (SP) - Analista Judiciário - Programação)

Cada país possui sua legislação eleitoral que tipifica e proíbe a captação ilícita de sufrágio. As leis estabelecem as práticas proibidas, as penalidades associadas e os meios de investigação e punição. No Brasil o que caracteriza a conduta de compra de votos durante as eleições?

a) Oferecimento de vantagens indevidas aos eleitores
b) Divulgação de propaganda eleitoral na véspera da eleição
c) Realização de comícios sem autorização da Justiça Eleitoral
d) Uso de símbolos que caracterizem propaganda eleitoral nas vestimentas dos mesários

Resposta: a, Oferecimento de vantagens indevidas aos eleitores

Comentário: A captação ilícita de sufrágio, popularmente conhecida como "compra de votos", refere-se à prática de oferecer vantagens materiais, financeiras, empregos ou outros benefícios em troca do voto de um eleitor. Essa conduta é ilegal e atenta contra a integridade do processo eleitoral, uma vez que viola princípios fundamentais da democracia, como a liberdade e a autonomia do voto.

183. (FCC - TRT - 15ª Região (SP) - Analista Judiciário – Programação)
A compra de votos é uma prática ilegal que ocorre quando candidatos, partidos políticos ou seus representantes oferecem benefícios materiais ou vantagens em troca do voto de um eleitor. Essa prática viola princípios democráticos, corrompe o processo eleitoral e compromete a liberdade de escolha dos eleitores. Nos termos da legislação eleitoral, qual é a penalidade para quem pratica a compra de votos?
a) Advertência escrita
b) Multa de até R$ 50.000,00
c) Cassação do registro de candidatura
d) Suspensão temporária da campanha

Resposta: b, Multa de até R$ 50.000,00

Comentário: A compra de votos é considerada ilegal na maioria das jurisdições e é tipificada como crime eleitoral, sujeita o responsável à aplicação de multa, conforme a Lei nº 9.504/1997. As leis eleitorais buscam coibir essa prática para garantir a integridade do processo democrático

184. (FCC - TRT - 15ª Região (SP) - Analista Judiciário – Programação)
Em relação a conduta de transporte ilegal de eleitores durante as eleições, considere as assertivas:

a) Uso de veículos particulares para transportar eleitores até o local de votação

b) Realização de carreatas sem autorização da Justiça Eleitoral

c) Uso de alto-falantes e amplificadores de som em carros de som

d) Divulgação de propaganda eleitoral na véspera da eleição

Resposta: a, Uso de veículos particulares para transportar eleitores até o local de votação

Comentário: A conduta de transporte ilegal de eleitores ocorre quando há o uso de veículos particulares para transportar eleitores até o local de votação. Essa conduta muitas vezes envolve aproveitar a vulnerabilidade de eleitores em situações econômicas precárias, oferecendo-lhes recursos imediatos, como transporte em troca do voto. Portanto, a resposta correta é a letra a.

185. (IESES - TRE-MA - Analista Judiciário - Análise de Sistemas)

Os benefícios oferecidos ilegais nas eleições podem variar e incluir desde dinheiro em espécie até bens materiais, serviços, promessas de emprego, transporte ou qualquer outra vantagem que possa influenciar a decisão do eleitor. Nos termos da legislação eleitoral, qual é a penalidade para quem pratica o transporte ilegal de eleitores?

a) Advertência escrita

b) Multa de até R$ 50.000,00

c) Cassação do registro de candidatura

d) Suspensão temporária da campanha

Resposta: b, Multa de até R$ 50.000,00

Comentário: A prática de transporte ilegal de eleitores sujeita o responsável à aplicação de multa, conforme a Lei nº 9.504/1997. Portanto, a resposta correta é a letra b.

186. (IESES - TRE-MA - Analista Judiciário - Análise de Sistemas)

A legitimidade do processo democrático, uma vez que distorcida a vontade dos eleitores e prejudicada a representação genuína dos interesses da sociedade, torna-se conduta ilícita. De acordo com a Lei das Eleições, o que caracteriza a conduta de divulgação de pesquisa fraudulenta?

a) Publicação de pesquisas sem registro prévio na Justiça Eleitoral

b) Realização de pesquisas com amostras não representativas

c) Uso de símbolos que caracterizem propaganda eleitoral nas vestimentas dos mesários

d) Divulgação de propaganda eleitoral na véspera da eleição

Resposta: a, Publicação de pesquisas sem registro prévio na Justiça Eleitoral

Comentário: A conduta de divulgação de pesquisa fraudulenta ocorre quando há a publicação de pesquisas sem registro prévio na Justiça Eleitoral. Portanto, a resposta correta é a letra a.

187. (IESES - TRE-MA - Analista Judiciário - Análise de Sistemas)

O que caracteriza a conduta de utilização indevida de bens públicos em campanhas eleitorais?

a) Realização de comícios sem autorização da Justiça Eleitoral

b) Divulgação de propaganda eleitoral na véspera da eleição

c) Uso de bens públicos para favorecer candidatos

d) Publicação de pesquisas de intenção de voto não registradas

Resposta: c) Uso de bens públicos para favorecer candidatos

Comentário: A conduta de utilização indevida de bens públicos ocorre quando há o uso desses bens para favorecer candidatos em campanhas eleitorais.

188. (IESES - TRE-MA - Analista Judiciário - Análise de Sistemas)

A utilização indevida de bens públicos em campanhas eleitorais é uma prática ilegal e antiética. Em muitos países, as leis eleitorais estabelecem regras claras sobre o uso de recursos públicos durante o período de campanha. Essas leis visam garantir a equidade, transparência e integridade do processo eleitoral. Nos termos da legislação eleitoral, qual é a penalidade para quem pratica a utilização indevida de bens públicos em campanhas eleitorais?

a) Advertência escrita
b) Multa de até R$ 50.000,00
c) Cassação do registro de candidatura
d) Suspensão temporária da campanha

Resposta: b) Multa de até R$ 50.000,00

Comentário: A legislação varia de país para país, e em alguns lugares pode haver punições específicas para essas práticas. Geralmente, as autoridades eleitorais e judiciais são responsáveis por investigar e punir essas infrações. Portanto, essa prática sujeita o responsável à aplicação de multa, conforme a Lei nº 9.504/1997.

189. (IESES - TRE-MA - Analista Judiciário - Análise de Sistemas)

Anúncios, comerciais, entrevistas ou qualquer forma de divulgação em veículos de comunicação, como televisão, rádio, jornais e internet, que promova candidatos são formas de propaganda eleitoral com objetivo de promover a imagem do candidato, porém, existe um período adequado para essa promoção. O que caracteriza a conduta de propaganda eleitoral antecipada?

a) Realização de carreatas sem autorização da Justiça Eleitoral
b) Divulgação de propaganda eleitoral na véspera da eleição

c) Uso de símbolos que caracterizem propaganda eleitoral nas vestimentas dos mesários

d) Promoção de atos que exaltem a candidatura antes do período permitido

Resposta: d) Promoção de atos que exaltem a candidatura antes do período permitido

Comentário: A propaganda eleitoral antecipada refere-se a qualquer forma de divulgação de candidatos e de suas propostas antes do período legalmente estabelecido para o início da campanha eleitoral. As leis eleitorais geralmente estipulam um prazo específico para o início da propaganda, com o objetivo de garantir a igualdade de oportunidades entre os candidatos e evitar influências indevidas no processo democrático.

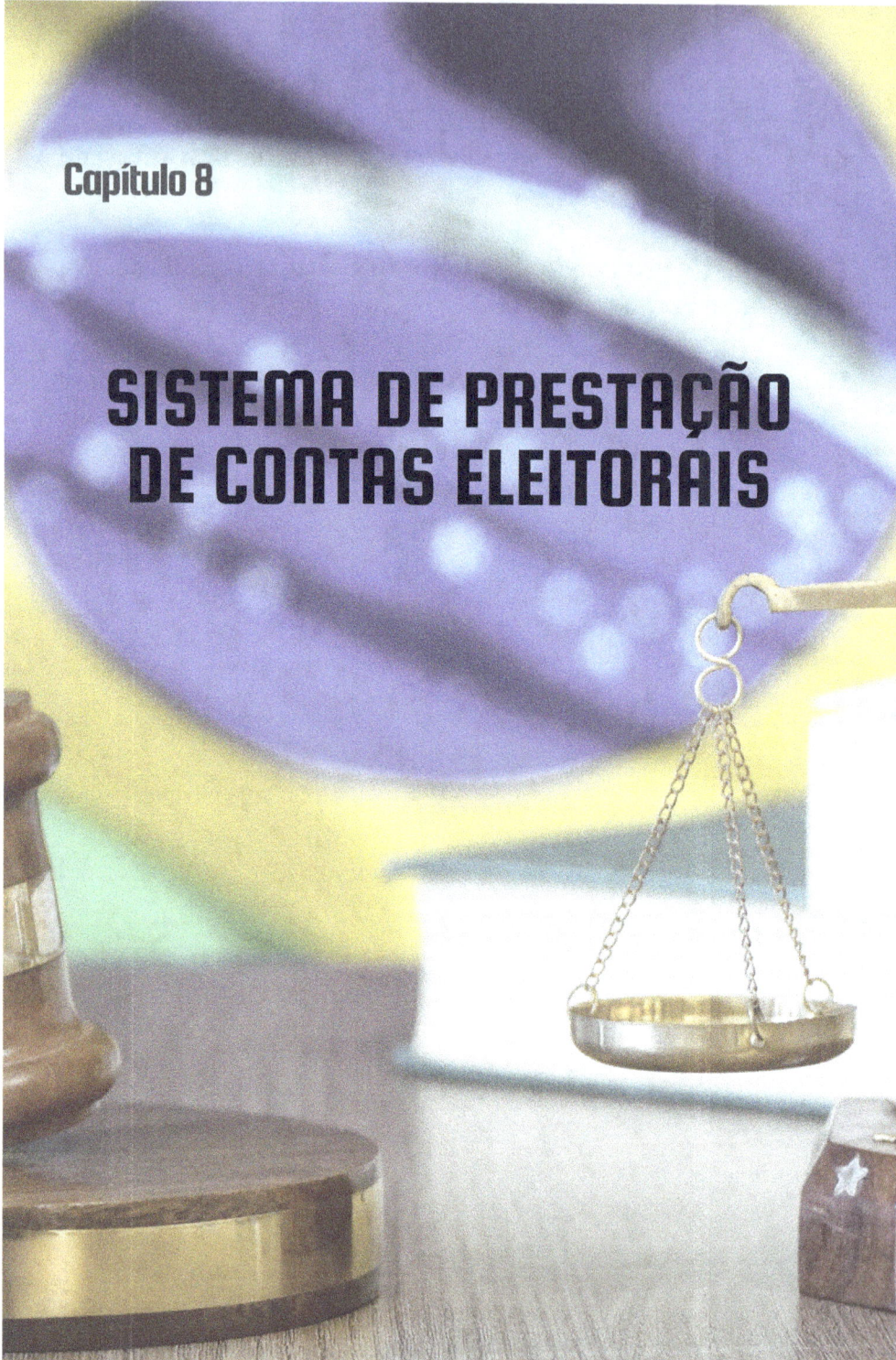

Capítulo 8

SISTEMA DE PRESTAÇÃO DE CONTAS ELEITORAIS

Sistema de Prestação de Contas Eleitorais

190. (FCC - TRE-AP - Técnico Judiciário)
O que compreende o Sistema de Prestação de Contas Eleitorais (SPCE)?
a) Cadastro de eleitores aptos a votar
b) Registro de candidaturas
c) Processo de votação eletrônica
d) Ferramenta para controle e divulgação das receitas e despesas de campanha

Resposta: d, Ferramenta para controle e divulgação das receitas e despesas de campanha

Comentário: O Sistema de Prestação de Contas Eleitorais (SPCE) compreende uma ferramenta utilizada para o controle e divulgação das receitas e despesas de campanha. Portanto, a resposta correta é a letra d.

191. (FCC - TRE-AP - Técnico Judiciário)
A prestação de contas eleitorais é um componente crítico para garantir a confiança no processo democrático e assegurar que as eleições sejam conduzidas de maneira justa e transparente. Qual é o prazo estabelecido pela legislação eleitoral para a entrega da prestação de contas final de campanha?
a) Até 10 dias após a eleição
b) Até 15 dias após a eleição
c) Até 30 dias após a eleição
d) Até 45 dias após a eleição

Resposta: c) Até 30 dias após a eleição

Comentário: O prazo estabelecido pela legislação eleitoral para a entrega da prestação de contas final de campanha é de até 30 dias após a eleição. Portanto, a resposta correta é a letra c.

192. (FCC - TRE-AP - Técnico Judiciário)

A maioria das jurisdições estabelece leis que tornam obrigatória a prestação de contas por parte de candidatos, partidos políticos e comitês financeiros. Essas leis geralmente definem prazos específicos para a apresentação dos relatórios financeiros. O que acontece se um candidato deixar de prestar contas à Justiça Eleitoral?

a) Advertência escrita
b) Multa de até R$ 10.000,00
c) Cassação do registro de candidatura
d) Inelegibilidade por 8 anos

Resposta: b) Multa de até R$ 10.000,00

Comentário: Se um candidato deixar de prestar contas à Justiça Eleitoral, estará sujeito à aplicação de multa, conforme a Lei n° 9.504/1997. Portanto, a resposta correta é a letra b.

193. (FCC - TRE-AP - Técnico Judiciário)

Quem deve apresentar a prestação de contas ao Tribunal Superior Eleitoral (TSE) nas eleições para presidente e vice-presidente da República?

a) Apenas os candidatos eleitos
b) Todos os candidatos, independentemente do resultado da eleição
c) Apenas os candidatos que obtiverem mais de 50% dos votos válidos
d) Apenas os candidatos que receberem recursos do Fundo Partidário

Resposta: b) Todos os candidatos, independentemente do resultado da eleição

Comentário: Todos os candidatos, independentemente do resultado da eleição, devem apresentar a prestação de contas ao Tribunal Superior Eleitoral (TSE) nas eleições para presidente e vice-presidente da República. Portanto, a resposta correta é a letra b.

194. (ND - TRE-ES - Técnico Judiciário - Área Administrativa)
A prestação de contas visa garantir transparência financeira no processo eleitoral. Os eleitores têm o direito de saber de onde vêm os recursos financeiros das campanhas e como esses recursos estão sendo utilizados. Quais documentos são obrigatórios para compor a prestação de contas de campanha?
a) Apenas notas fiscais
b) Apenas recibos eleitorais
c) Notas fiscais, recibos eleitorais e extratos bancários
d) Apenas comprovantes de depósitos em dinheiro

Resposta: c, Notas fiscais, recibos eleitorais e extratos bancários
Comentário: A prestação de contas de campanha deve ser composta por documentos como notas fiscais, recibos eleitorais e extratos bancários. Portanto, a resposta correta é a letra c.

195. (ND - TRE-ES - Técnico Judiciário - Área Administrativa)
Órgãos eleitorais ou agências específicas são geralmente responsáveis por receber, analisar e fiscalizar os relatórios de prestação de contas. Eles garantem que as campanhas estejam em conformidade com as leis eleitorais. Qual é o órgão responsável pela análise e julgamento das contas dos candidatos?
a) Tribunal de Contas da União (TCU)
b) Ministério Público Eleitoral (MPE)
c) Tribunal Superior Eleitoral (TSE)
d) Congresso Nacional

Resposta: c, Tribunal Superior Eleitoral (TSE)
Comentário: O órgão responsável pela análise e julgamento das contas dos candidatos é o Tribunal Superior Eleitoral (TSE). Portanto, a resposta correta é a letra c.

196. (ND - TRE-ES - Técnico Judiciário - Área Administrativa)

A prestação de contas visa garantir transparência financeira no processo eleitoral. Os eleitores têm o direito de saber de onde vêm os recursos financeiros das campanhas e como esses recursos estão sendo utilizados. Quais documentos são obrigatórios para compor a prestação de contas de campanha?

a) Apenas notas fiscais

b) **Apenas recibos eleitorais**

c) Notas fiscais, recibos eleitorais e extratos bancários

d) Apenas comprovantes de depósitos em dinheiro

Resposta: c, Notas fiscais, recibos eleitorais e extratos bancários

Comentário: A prestação de contas de campanha deve ser composta por documentos como notas fiscais, recibos eleitorais e extratos bancários. Portanto, a resposta correta é a letra c.

197. (ND - TRE-ES - Técnico Judiciário - Área Administrativa)

Em alguns casos, órgãos de fiscalização podem conduzir auditorias ou verificações nos relatórios de prestação de contas para garantir sua precisão e verificar se as campanhas estão em conformidade com as leis eleitorais. O que pode acarretar a desaprovação das contas de um candidato pela Justiça Eleitoral?

a) Atraso na entrega das contas

b) Recebimento de doações de pessoas físicas

c) Irregularidades graves que comprometam a lisura do processo eleitoral

d) Ausência de comprovantes de despesas

Resposta: c, Irregularidades graves que comprometam a lisura do processo eleitoral

Comentário: Em alguns casos, órgãos de fiscalização podem conduzir auditorias ou verificações nos relatórios de prestação de contas para garantir sua precisão e verificar se as campanhas estão em conformidade com as leis eleitorais. A desaprovação das contas de um candidato pela Justiça Eleitoral pode ocorrer em casos de irregularidades graves que comprometam a lisura do processo eleitoral. Portanto, a resposta correta é a letra c.

198. (IBFC - TRE-PA - Analista Judiciário - Análise de Sistemas)
A prestação de contas eleitorais é um processo pelo qual candidatos, partidos políticos e comitês financeiros são obrigados a prestar informações detalhadas sobre o financiamento de suas campanhas, gastos eleitorais e arrecadação de recursos. Em relação às contas eleitorais, o que é o parecer prévio do Ministério Público Eleitoral?
a) Uma recomendação facultativa
b) Uma análise técnica e opinativa sobre a prestação de contas
c) Um documento obrigatório para todos os candidatos
d) Uma decisão final sobre a aprovação ou desaprovação das contas

Resposta: b, Uma análise técnica e opinativa sobre a prestação de contas

Comentário: O parecer prévio do Ministério Público Eleitoral (MPE) é uma manifestação legal emitida por procuradores do Ministério Público Eleitoral antes da decisão de um tribunal eleitoral em determinadas questões, especialmente aquelas relacionadas à prestação de contas de campanha e à regularidade das candidaturas.

199. (CESPE - TRE-MT - Técnico Judiciário – Administrativa)
A devolução de recursos ao doador de campanha pode ocorrer em situações específicas, geralmente quando há excedente de recursos arrecadados em relação aos gastos efetivos da campanha eleitoral ou quando há impossibilidade legal de utilização desses recursos.
Certo
Errado

Gabarito: Certo

Comentário: A devolução de recursos ao doador é uma prática que visa assegurar a conformidade com as leis eleitorais, garantindo a transparência e a legalidade no financiamento de campanhas. Irregularidades na arrecadação e utilização de recursos podem resultar em sanções, como multas, penalidades e até mesmo a inelegibilidade do candidato. A devolução adequada de recursos pode ser considerada mitigadora em alguns casos.

200. (CESPE / CEBRASPE - TRE-GO - Analista Judiciário – Administrativa)
Candidatos, partidos políticos e comitês financeiros são obrigados a prestar contas das receitas e despesas de suas campanhas eleitorais. Esse processo normalmente inclui a apresentação de relatórios financeiros detalhados. No entanto, a Justiça Eleitoral também necessita de prazos para analisar as contas de um candidato:
a) Até 30 dias após a eleição
b) Até 60 dias após a eleição
c) Até 90 dias após a eleição
d) Até 120 dias após a eleição

Resposta: b) Até 60 dias após a eleição

Comentário: O prazo para a Justiça Eleitoral julgar as contas de um candidato pode variar dependendo da legislação eleitoral específica de cada país ou jurisdição. Em geral, o prazo é de até 60 dias após a eleição para a prestação de contas de campanha e para a análise dessas contas pelos órgãos competentes.

E. LEONE
(ORGANIZAÇÃO)

www.ingramcontent.com/pod-product-compliance
Lightning Source LLC
Chambersburg PA
CBHW071048290526
45795CB00004B/1381